ちくま新書

オカルト化する日本の教育

——江戸しぐさと親学にひそむナショナリズム

1339

原田 実
Harada Minoru

オカルト化する日本の教育——江戸しぐさと親学にひそむナショナリズム【目次】

はじめに

政府ないし政権与党が政策として国民を騙してきた――戦後日本では、幾度もそうした事態の露見を繰り返してきた。特に、防衛や外交においては、それが政権を揺るがす大問題となったものである。ところが現在、その欺瞞《ぎまん》が明らかになっているにもかかわらず、政府の政策の基礎に置かれ続け、さらにそのことが大した騒ぎにもなっていない問題がある。その問題の焦点こそ、本書でとりあげる「親学《おやがく》」である。

私は長年、偽書や偽史の諸相について調べてきた。その調査の中で、最近、教育現場や企業研修などに「江戸しぐさ」なるものが広まっている現象に気付いた。「江戸しぐさ」が実際の江戸時代の文化とはほとんど接点がなく、昭和生まれの現代人の創作にすぎなかったことについて、すでに私は『江戸しぐさの正体』『江戸しぐさの終焉』（星海社新書）という二冊の著書で考証している。幸い拙著は好評を以て迎えられ、各メディアの書評でもイデオロギーの枠を超えて好意的に取り上げていただいた。

実は現在、教育現場で広まっている「江戸しぐさ」は本来の主唱者（事実上の作者）が説いたものとはやや異なる思想傾向のものとなっている。それは最近の教育現場への「江戸しぐさ」導入が本来の「江戸しぐさ」普及団体によってではなく、親学を媒介《ばいかい》として行なわれているからである。そして、この親学こそ現政権の教育行政にもっとも大きな影響を与えているイデオロギーなのである。親学の欺瞞はすでに指摘されているにもかかわらず、教育行政の担当者はそれを意に介する様子もない。それは親学が多くの政治家や教育関係者の支持を集めているからでもある。

支持者は、親学に現代の社会と教育が抱える問題を解決するための期待を寄せている。しかし、前提となる事実の把握が間違っていたなら、そこから導かれる解決策も間違ったものにならざるをえない。そして、親学の根拠として挙げられるデータは事実としては怪しいものばかりなのである。政治家や教育関係者が、親学という歪んだ認識にとらわれている限り、教育に関する問題は混迷こそすれ解決に近づくことはないだろう。

本書は、「江戸しぐさ」と親学の形成と、それが教育現場、教育行政に受容される経緯、そしてその背後にある戦後日本の隠れた思潮傾向（それはイデオロギーの左右には限定されない）を解き明かそうとするものである。

なお、本書では敬称を略させていただいたことをお断りしておく。

第一章　「江戸しぐさ」とは何か

†文部科学省のお墨付き

毎年毎年、何万部も刷られ、日本全国数多くの家に置かれているにもかかわらず、本屋の店先に並ぶことなくベストセラーにその名が挙げられることもない本がある。それは小中高等学校の教科書およびそれに付随する教材資料である。

その中でも最近、特に数奇な道のりを歩んだのが道徳教科書および教材である。戦後長らく道徳は義務教育における正規の教科ではなく、したがってその教科書にあたるものはあくまで副読本という扱いを受けてきた。

二〇〇二年四月、文部科学省は全国の小中学校に『心のノート』(小学校低学年用のみ『こころのノート』)という補助教材を配布した。以降、教科書会社各社の副読本は『心のノート』の併用を前提とした構成・内容を心掛けるようになった。

二〇一四年四月、文部科学省は『心のノート』を全面改訂した『私たちの道徳』(小学校低学年・中学年は『わたしたちの道徳』)を新たに配布。二〇一七年の道徳教科書検定開始と二〇一八年四月からの道徳正規教科化に備えることにした。

つまり道徳教科書は文部科学省の検定を受けるだけでなく、『私たちの道徳』との併用を前提とする形で文部科学省の意向に従うことを求められているわけである。

さて、その『私たちの道徳　小学五・六年生用』には「江戸しぐさに学ぼう」という項目があり、次のような文章が掲載されている。


江戸時代、江戸の町には、全国から文化や習慣のちがう人たちが集まってきました。

そのため、様々な人たちがおたがいに仲良く平和に暮らしていけるようにと、大きな店の商人たちは、当時、「商人しぐさ」と呼ばれていたものを広めていこうとしました。「商人しぐさ」は、例えば「お天道様《てんとうさま》に申し訳《わけ》ないことはしない」とか「おかげさま」などの考えを元にした商《あきな》いの心得を態度《たいど》に表したものです。

この「商人しぐさ」が元になり、江戸の町に広がっていった生活習慣を「江戸しぐさ」と呼ぶようになったと言われます。

このように江戸の人々は、お天道様にはずかしくないように行動することや、人のおかげで物事が成り立っていると考えることなどを通して、真心をもって人間関係を大切にしようとしていたことが分かります。

ここで取り上げられている「江戸しぐさ」なるものについて初耳だという人も多いことだろう。あるいは今から一〇年以上前の公共広告機構（現ACジャパン）のテレビCMや、東京メトロの駅に張り出されていたマナー啓発ポスターを思い出す方もおられるかもしれない。

実は「江戸しぐさ」は今世紀に入ってから学校の道徳授業や企業の社員研修の教材として普及が進んでおり『私たちの道徳』での採用もその実情の追認という面があった。しかし、れっきとした省庁が「江戸しぐさ」の歴史的実在を前提とする文章を公にしたのは一つの事件だったといえよう。

というのも、「江戸しぐさ」について、その歴史的実在を証明する記録は一切残っていないだけでなく、その内容は実際の江戸時代の資料からうかがえる当時の生活とことごとく矛盾するものだからである。文部科学省はその怪しげなものにお墨付きを与えてしまったというわけである。

†ありえない「江戸」の世界

『私たちの道徳　小学五・六年生』では「江戸しぐさ」の具体的な動作として「かた引

き」「こぶしうかせ」「かさかしげ」「おつとめしぐさ」なるものが絵入りで挙げられている。

このうち、「かた引き」「かさかしげ」は人とすれちがうときの動作とされる。「かた引き」とは狭い道でぶつからないように互いに右の肩を後ろに引いてすれちがうこと、「かさかしげ」とは相手をぬらさないように、互いの傘を傾けることだという。

ところが実際に狭い道では、「かた引き」を行なうより、いったん立ち止まって道を譲りあう方が結果としては楽にすれちがうことができる。第一、自分が肩を後ろに引いたからと言って申し合わせなしで相手も同じようにしてくれるとは限らないではないか。一方だけ「かた引き」しながらぶつかるようでは、最初から無理に相手を押しのけようとするのとかわらない。

実は、この「かた引き」という動作、「江戸しぐさ」では「蟹《かに》歩き」というしぐさとセットになっている。蟹歩きは、明治時代の海軍が艦内通路ですれちがうために訓練していた横歩に由来するものらしい。

作戦中の軍隊では、すれちがうたびにいちいち立ち止まるような余裕はないし、皆、訓練しているから体を横にしてすれちがうこともできれば、スムーズに肩を後ろに引くこともできる。同様の訓練は、現在の海上自衛隊の艦内でも行なわれ続けているのである。

江戸時代、和傘は京・上方（大坂）方面では広く普及したが江戸では一九世紀に入るころまでは、ちょっとした贅沢品だった。庶民は和傘ではなく蓑笠《みのかさ》や合羽《かっぱ》で雨を凌《しの》いだのである。その江戸で和傘をさしたもの同士がすれちがうための技法が発達したとは考えにくい。

また、和傘は、明治以降普及した洋傘と違ってすぼめるのが楽である。互いの和傘が邪魔になる状況なら、傾けるより、まず、すぼめた方が濡れた傘が人などに当たる気遣いもない。

さらに、江戸では土間が路地に面する構造の家が多く、さらに昼間は照明も乏しいためによほどひどい雨風でない限りは雨戸を開けていた。

つまり、狭い路地で「かさかしげ」をしようものなら人様の家の玄関や台所や店頭などに雨水をぶちまけることにもなりかねないわけだ。

「こぶしうかせ」（「江戸しぐさ」による一般的な呼称は「こぶし腰浮かせ」）は、横長の座席に少しでも多くの人が座れるように、すでに座っている人が腰を浮かせて、座席との間にこぶし一つ分くらいの隙間をつくり、横に動いてまた座るというしぐさである。

『私たちの道徳　小学五・六年生』のイラストでは、縁台に座っている二人の一方が後から来た人のために「こぶしうかせ」を行なうさまが描かれている。

しかし、縁台とは多くの場合、くつろぐために座るものである。しかも、このイラストでは前から座っていた二人は茶碗を手にしている。つまり後から来た一人を無理に座らせることで、縁台でゆっくりお茶も呑めなくなったのである。これでは席を譲られた側も居心地がいいと思えない。

実は「こぶし腰浮かせ」は乗り合いの乗り物の中で席を譲りあうためのしぐさとされている。そこで渡し船の中で行なわれたしぐさだ、などと言われているのだが、江戸時代の渡し船は貨物も一緒に乗せる構造なので特に横長の座席は設けられていない。また、船着き場を往復するだけだから途中乗船という状況自体が考えにくい。

つまり「こぶし腰浮かせ」は電車やバスなど横長の座席がある現在の乗り合いの乗り物でこそ意味があるしぐさなのである。『私たちの道徳　小学五・六年生』のイラストでは、そのしぐさが使われる場として、乗り物の座席を避けて縁台にしたわけだが珍妙さが薄れることはなかった、というわけである。

†ありえない「しぐさ」ばかり

『私たちの道徳　小学五・六年生』でとりあげられているのは「江戸しぐさ」のほんの一部だが、現在までに公表された「江戸しぐさ」の中で実際に江戸時代まで遡《さかのぼ》りうるものは一つしかない。他は江戸時代にはありえないものばかりである。

たとえば、「江戸しぐさ」には「時泥棒は十両の罪」という言い回しがある。約束なしの突然の訪問や、アポイントメントをとった上での遅刻は相手の時間を奪うことになるから泥棒も同じだというのである。江戸時代の刑法では現金の窃盗は十両から打ち首となったので人様の時を奪うのは死に値するほどの罪だということである。

だが、電話・電信や郵便制度がなかった江戸時代、アポイントメントをとるにはそのための「突然の訪問」が必要だった。また、アポイントメントのために正確な時間を指定するには機械式の精密時計が必要だが、江戸時代にそのようなものは普及していなかった。江戸の人々の時間観念のルーズさは、幕末期の日本に西洋式操船を伝えたオランダ海軍二等尉官（後の海軍大臣）ヴィレム・カッテンディーケも手記の中で呆れているくらいだった。「時泥棒」を避けるというのは現代生活では有効な処世訓でも江戸時代のものではありえない。

また、「江戸しぐさ」には、「三脱の教え」というものがある。それは、初対面の人に年齢・職業・地位の三つを聞いてはいけない。それは、肩書に惑わされて人物を見抜く目が曇らされるのを防ぐためだという。

たしかに江戸時代、初対面の相手にその三つをわざわざ聞く人はいなかっただろう。江戸時代の人々は髪型や衣服でそれらが一目でわかるように心がけていたからである。それが身分制社会で暮らすたしなみというものだ。それらをわざわざ聞く是非が問うのは、見た目でわからない現代人ならではの発想である。

ところで、先述のように「江戸しぐさ」の中にも江戸時代まで遡りうる用語がある。その唯一の例外は「むくどり」である。それは、流行りものに集まる大衆を揶揄《やゆ》する言い回しだ。「むくどり」は群れをなして渡りをするところから、地方から大挙して江戸にくる出稼ぎ者を揶揄するたとえとして俳句や川柳で用いられた。そこから「江戸しぐさ」での意味に通じる用法も派生したわけである。

現代でも俳句や川柳を嗜《たしな》む人は多いのだから、「江戸しぐさ」の真の作者がそれを聞き知っていたとしてもおかしくはない。しかし、「江戸しぐさ」で実際の江戸と接点がある唯一の用語が人を揶揄する言葉だというあたり、その真の作者はいささか意地悪な人柄だったようにも思えてくる。

実際のところ「江戸しぐさ」の実在は、空飛ぶ円盤が着陸してその中から宇宙人が降りてきた、という話よりもありえない。地球外生命が私たちにとって未知の存在である以上、他の星の知的生命が地球まで来て姿を現すことは絶対にないとまでは言いきれない。だが、「江戸しぐさ」は私たちにとって既知の存在である江戸時代の日本文化とまったく乖離している。つまり、それが江戸時代に実在した可能性は明確に否定できるのである。

空飛ぶ円盤から宇宙人が出てくるなどありえないが、「江戸しぐさ」はありうると思う人がいるなら、それは単なる錯覚である。その錯覚がなぜ生じるのかについては、後に改めて説明したい。

†江戸しぐさをつくった男

「江戸しぐさ」の作者が現代人、そして実際の江戸時代の文化には疎い人物だったことは明らかである。その人物の名は芝三光《しばみつあきら》（一九二八～九九、本名・小林和雄、浦島太郎というペンネームも使用）という。

芝はその出自について次のように自称していた。芝の実父は華族の外交官で一九二三年に実母がカナダのバンクーバーから帰国する船上で彼を産み落とした。しかし、庶子《しょし》（非《ひ》嫡出子《ちゃくしゅつし》）だったため、母方の実家で密かに育てられたと自称していたこともある。さらに、その実家が江戸で寺子屋を開いていた家柄だったため、幼少のころから「江戸しぐさ」を学ぶことができたというわけである。

しかし、芝の実際の生年は一九二八年であることが判明している（第五章で後述）。また、芝は少年時代の卒業証書や賞状、作文などを手元に保管していたが、それからすると彼が旧江戸ではなく横浜市で育ったことも明らかである。彼の前半生に関する自称はかなりのホラを交えたものだったとみてよさそうである。

芝は横浜高等工業学校（現横浜国立大学工学部）を卒業した後、少年院教官、科学雑誌編集者、学習塾経営などを経て一九六〇年頃から社員研修や経営指導などの講師を行なっていた。いわゆる企業コンサルタントの先駆けである。

その社員研修の場で芝は、江戸には二百五十戒、五百律のマナーがあり、現代人もそれを学べばさまざまな社会問題の解決につながると説くようになった。これが「江戸しぐさ」の原型である。やがて芝の主張に心酔した人々によって「江戸の良さを見なおす会」

というサロンが形成され、次第に影響力を持つようになっていく。
現在確認されている「江戸しぐさ」という語の初出は『読売新聞』一九八一年八月二八日付朝刊コラム「編集手帳」である。

「江戸の良さを見なおす会」というのがある、と聞いた。もう十年以上も続いているというから、昨今の〝江戸もの〟ブームに乗っかってできたものではあるまい／大学の先生や医師、サラリーマンや主婦などの「講中」が、江戸文化について自由に意見を交換し合っている会のようだ。「江戸しぐさ」も研究テーマの一つ、という。

このコラムでは「江戸しぐさ」の具体例として、店の主人が客へのお愛想に目をしばたたかせる「お愛想目つき」と、雨の日にすれ違う時に傘を傾ける「カサかたげ」が挙げられている（当時はまだ「傘かしげ」という用語にいたるまでの試行錯誤期間だったらしい）。
一九八〇年代前半、マスメディアで「江戸しぐさ」を宣伝した媒体として第一に挙げられるべきは『読売新聞』だった。先の「編集手帳」を皮切りに一九八五年まで「江戸しぐさ」は「編集手帳」「よみうり寸評」などのコラムや記事で好意的に取り上げられている。

一九八五年一〇月一六日付朝刊「論点」では芝三光の投稿「今こそ必要な『江戸しぐさ』人間関係円滑化の知恵」が掲載されている。

当時、『読売新聞』には論説委員として健筆をふるった村尾清一《きよかず》がいた。村尾は「江戸しぐさ」の支持者の一人で『新潮45』一九八七年一二月号に「よみがえれ江戸しぐさ」というエッセイを寄稿している。この時期の『読売新聞』における「江戸しぐさ」支持は村尾の影響によるものと見てよいだろう。

一九八六年には「江戸しぐさ」をテーマとする最初の書籍『今こそ江戸しぐさ第一歩――日本人の良さ再発見』（稜北出版）が出版されている。その著作権名義は「江戸の良さを見なおす会」である。当時、「江戸の良さを見なおす会」の実務をとりしきっていたのは岩淵いせ（現和城伊勢《わしろいせ》。花鳥旨子というペンネームも使用）だった。

この時期の「江戸しぐさ」は『読売新聞』以外にも新聞・雑誌・テレビ・ラジオなどいくつものメディアにとりあげられて話題になっていたようだ。『今こそ江戸しぐさ第一歩』の表紙にも日本テレビ、フジテレビ、東京放送のアナウンサーの写真が「江戸しぐさにちなんだ人たち」として掲げられている。

だが、一九八〇年代の末には「江戸の良さを見なおす会」の活動はいったん休止し「江

ることが必要だった。「江戸しぐさ」がふたたび世に出るには、新たな人脈を得

戸しぐさ」も埋もれてしまう。

†江戸しぐさの中興

「江戸しぐさ」に再評価の機会がめぐってきたのは一九九一年一一月のことである。起業家でジャーナリストとしての実績もあった越川禮子《れいこ》は八〇年代から「江戸しぐさ」に関心を持ち、村尾とも連絡をとってその資料を探し求めていた。

そして、この年の一一月一六日、越川は芝にあてて会見を求める手紙を書いたのである。芝は返信で自分の電話番号を伝え、電話をかける時間を指定した。越川がその指定された時間ちょうどに電話をかけた時、ベルが鳴るか鳴らないかの間髪入れずに次の一言が返ってきた。

「これが、江戸しぐさです！」

こうして越川は芝への入門を許され、芝から「江戸しぐさ」の口伝を授けられることになった。

越川が最初に「江戸しぐさ」をテーマとした書籍『江戸の繁盛しぐさ――こうして江戸

っ子になった』（日経）を著したのは一九九二年のことである。編集者としてその書籍を担当した桐山勝（一九四四～二〇一三）はその後も越川の「江戸しぐさ」普及活動を助け、大きな役割を果たすことになる。

『江戸の繁盛しぐさ』において、越川は芝による「江戸しぐさ」伝授の有様を次のように記している。

既存の歴史や資料には出てこない口伝の話を、時には思想家のように、時にはマーケッターのように、時には落語家のように、時には繊細な稚児（子供）のように、けれど決して用人深さは失わず、役者のように「江戸しぐさ」を「江戸しぐさ」で演じて下さった。

テープレコーダーは一切ご法度。メモをとるのもはばかられる雰囲気。可能な限り、忘れないうちにワープロで少しずつ文章にした。これは一種の修行に近かった。

「江戸しぐさ」を演じる、とは言いえて妙である。芝はまさに「江戸しぐさ」伝承者、最後の江戸町衆を演じることで、実際には自分の脳内世界から生まれた幻の江戸の姿を越川に語り続けたのである。

さて、芝は生前、「江戸しぐさ」のマニュアル化を避けるような言動もとっていた。つまり、芝は「江戸しぐさ」の作者であるとともに、その大々的普及に対する障害でもあったわけである。引用文中の行頭「?:」は原文ママ。

?　このごろ一番こまっていること。

江戸しぐさが、ひとり歩きしていることです。「肩引き」「腰浮かし」「カニ歩き」「ほかに、どんなのありますか?」「二百もあるって言うけどッ」式に　聞かれるんですね。

私の云いたいのは、そんな、ことではないんです。

?　マナーじゃないんです。

江戸しぐさは、クセとか　考え方なんです。

？　そこなんです。私の言いたいのは！

いまの日本人は、「マナーが悪い」と、よく言われますけど、私に言わせれば、それはクセつまり、シグサが悪いんです。きたないんです。

いいクセ、きれいなシグサ、それが江戸しぐさなんです。

ところが、そのへんのところが、ごっちゃになってるんです。

混同するだけならまだいいんですが、ほんとの江戸しぐさのほうが、そのためにかすんじゃったんですね。

（芝三光の一九八九年一一月二四日付講話。和城伊勢『江戸しぐさ――一夜一話』新風舎、二〇〇四）


越川が入門する前から、芝は、「江戸しぐさ」がマニュアル化されることで、芝自身のイメージとの間に乖離が生じることを警戒していたのである。

芝の生前、越川は「江戸しぐさ」に関する書籍を一冊しか世に問うていない。しかし、その障害は、一九九九年一月、芝の逝去とともに取り払われた。かくして翌二〇〇〇年から「江戸しぐさ」の歴史に新たな展開が生じたのである。

†幻の「江戸っ子」エリート

さて、越川による「江戸しぐさ」普及の話に入る前に、生前の芝を突き動かしていた夢について語っておきたい。

芝は一九八四年一〇月二〇日、跡見学園女子大学に招かれて公開講座の講師となったことがある。その講義要綱での講師自己紹介には次のような一文があった。

夢は、環境の良いところに「プチ江戸の町」を作り、コインロッカー・ベビーを集めて、立派な「江戸っ子」に育てることです。

一九七〇年代、駅のコインロッカーで生まれたばかりの乳児が放置される事件が相次いだことがある。その多くは遺体で発見された。芝は生き残った乳児を引き取って彼の考える「江戸っ子」(「江戸しぐさ」が身についた人物)に育てたいと願っていたのである。「江戸の良さを見なおす会」の会員の一部にも、会設立の真の目的はコインロッカー・ベビーを江戸っ子として育てることだと説明していたようである。

『今こそ江戸しぐさ第一歩』で、当時、「江戸の良さを見なおす会」会員だった野乃みどり（本名・稲垣美登利）は次のように記している。

私たちの先生は、「なにもむずかしいことを言っているのではありません。江戸しぐさが復活すれば、世の中もっともっと楽しくなると思いますよ」と言われています。そして、私たちの会を作られた本当の動機は、コインロッカーに捨てられてしまうような赤ちゃんを集めて、イキな江戸っ子に育てたいと思ってとおっしゃっています。ところが、それには資金もさることながら、江戸しぐさの手本となる保母さんが必要で、そのために保母や転職して保母になりたいというOLに呼びかけられたそうです。でも、結果はあまりかんばしくなくて、若いOLは食べること・旅行すること・彼氏を見つけることなどには熱心で、江戸しぐさには関心を示されなかったようです。

最後の江戸町衆として空想の「江戸」に生きる芝には、現実の社会は住みにくかったようである。次の世代に期待しようにも「江戸しぐさ」を知らない親や教師に教育される限り、芝が望むような「江戸っ子」には程遠い大人にしかならない。そこで芝は生まれてすぐに社会と断絶したコインロッカー・ベビーに希望を託そうとした。

芝が一九七七年一二月一四日に発表したとされるエッセイ「「ラブ！」」には芝の怒りと絶望がにじみ出ている」（『江戸しぐさ――一夜一話』）。

私たち、ロッカーちゃんを百か国語で国際感覚ゆたかな、チャキチャキの江戸っ子に育て上げようと思ってますの…。

江戸式の教育法を採用すれば、ロッカー君たち、人もうらやむような世界のエリートになるのは確実よ！

私たちが、ロッカー君に、どんな英才教育をしようと、彼や彼女のパパやママに文句はないはずだよ…。だって、民主主義で一番大事な親の権利と義務を捨てられたんですものね…。

現在までに見つかっている資料で、芝がコインロッカー・ベビーについて言及した最初期の史料は、一九七七年一一月一一日付で芝が当時文通していた人物に出した葉書の控え（ただし、芝はその葉書を印刷して他の会員にも出していた）である。

その中で、芝はその葉書が書かれた三年前（つまり一九七四年）の七月七日に次の着想を得たという。

「そうだ、親の無い子が良い！　親の無い子を集めよう！　いまの東京都民は、なまじ親がいるから不幸なのだ！　立派な人間を育てるには今の親は邪魔になる！　親なし子なら、私が、私たちが、どんなに立派に愛しようが、教育しようが、文句はいわれまい！　それが、立派な方方におこたえする私と私たちの義務だ！」

芝は「コインロッカーにポイされる赤ちゃんを、その直前に救い集めて来て教育したい」「ロッカーちゃんたちを全員、私の養子にしたい」として「彼らに一切、金銭ならびに精神面で、私たちに対する弁済の義務をおわせたくない」としている。

芝はさらに自分に巨額の生命保険をかけ、養子にしたコインロッカー・ベビーたちを受取人にして将来も生活に困らないようにしておく、という提案までしている。

もっとも、その構想を実現するには莫大な資金と高度な実務能力が要求されたわけで、芝と「江戸の良さを見なおす会」にその持ち合わせがなかったことは言うまでもない。

†「江戸」へのパスポート

芝は『読売新聞』一九八五年一〇月一六日付朝刊への寄稿で次のように書いた。

二十年ほど前、私が江戸の良さを見なおす会というユーモラスな集いを思い立ったのも、奥ゆかしい江戸の気配りが日々に薄れて行くのを嘆いたからです。在宅時には真珠湾攻撃もどきにベルを突然十回も二十回も鳴らし、一言もわびずガチャンと切る間違い電話や、予告なく現れ、勝手にしゃべりまくるトキドロボウまがいのセールス行為にへきえきし、外出すれば道路にガムやたんを吐き散らす通行人や、売りたくないような態度を見せる商店員に情けなくなりました。

（芝三光『今こそ必要な「江戸しぐさ」人間関係円滑化の知恵』）

間違い電話はともかく訪問販売が嫌いとなると、芝は、行商人が家々を回るのが当たり前だった実際の江戸の町には到底住んでいられないだろう。

それはさておき、この文から現代（当時）の日本社会に対し、芝が抱いた失望の深さが偲《しの》ばれる。その失望を原動力として、芝は自らの空想のうちに、かつてあり、今もその名残を止め、そして来るべき世界でもあるユートピア「江戸」を構築した。「江戸しぐさ」はそのユートピアに入るためのパスポートだったのである。

芝はそのユートピアとしての「江戸」を現実のものにするため、コインロッカー・ベビーに希望を託した。しかし、実際には、その希望もまた現実離れした空想にすぎなかったのである。

✝文部科学省の怠慢

ところで芝は生前の講話で、「江戸しぐさ」という呼称について自分の命名であることは認めており、「この江戸しぐさ、江戸政権のころには、どう言われていたかと言うと、城内しうちとか、単におしうちと言われていたんですね」と述べている（江戸の良さを見なおす会『江戸しぐさ講』）。

つまり、『私たちの道徳　小学五・六年生』の「（江戸時代）当時、『商人しぐさ』と呼ばれていた」という解説自体が芝のテキストにもよらないものだったわけである。

もちろん「城内しうち」なる用語も芝の講話にしか出てこない独特のもので、それ自体、芝のフィクションと思われるが、文部科学省がろくな調査も行なわずに教材をつくっていたことはうかがえる。

文部科学省で、どのような考え方で「江戸しぐさ」を採用したかについては、次のような証言が報道されている。

道徳教材はNPO法人の主張を参考にしていない。江戸しぐさが歴史的な事実だとは言っていない。（「「江戸しぐさ」史料の裏付けなし」より当時文部科学省教育課程課課長補佐・美濃亮『東京新聞』二〇一五年四月六日付朝刊）

NPO法人江戸しぐさのホームページなどを参考にした。（道徳教材編集主査、元総合初等教育研究所室長・馬場喜久雄『東京新聞』同前）

新聞や公共広告でも取り上げられ、ある程度の認知がある中で題材としました。歴史的事実なのかは議論があると思いますが、江戸しぐさを推奨するものではなく、マナーを教える方法の一つなんです。（笹井恵理子「道徳教材に掲載　江戸しぐさ〝偽物の歴史〟

専門家から批判続出」文部科学省のコメント、『サンデー毎日』二〇一五年七月一九日号）

「道徳の教材は江戸しぐさの真偽を教えるものではない。正しいか間違っているかではなく、礼儀について考えてもらうのが趣旨だ」「繰り返しになるが、道徳の時間は江戸しぐさの真偽を教える時間ではない」（石戸諭「それは偽りの伝承　教材に残り続ける『江戸しぐさ』」より文部科学省教育課程課担当係長のコメント、BuzzFeed News、二〇一六年四月五日）

依拠した史料に関する証言が関係者同士で矛盾していたり、教材は真偽を教えるものではないと開き直ったりと教材の内容に関する責任が、文部科学省内部で、いかに曖昧に扱われてきたかがうかがえる。ちなみに『私たちの道徳』が作成された時期の初等教育に関する責任者は、獣医学部新設問題での証言で話題となった前川喜平《きへい》である（二〇一三年七月から二〇一四年七月まで文部科学省初等中等教育局長）。

また、『私たちの道徳　小学五・六年生』では、「江戸しぐさ」の基本を「お天道様に申し訳ないことはしない」の心だとするが、実はこの表現は芝やその弟子筋の著書には見られないものである。「お天道様」云々の表現を「江戸しぐさ」と結びつける説は、ある自己啓発系サイトのコラムに見られるものであり、文部科学省は文献にあたらず複数のサイトから話を拾って「江戸しぐさ」の項目を作成したことがうかがえる。『私たちの道徳　小学五・六先生』で「江戸しぐさ」を取り上げながら芝について言及していないのも道理である。文部科学省は自分たちが作成する教材の事実関係について調査する意欲も能力も欠いていたものということだろう。

†ロンゲスト・ウォークへの参加

「江戸しぐさ」中興の祖ともいうべき越川禮子は一九二六年、東京生まれ。青山学院女子専門部卒業後、一九六六年に株式会社インテリジェンス・サービスを設立、代表取締役社長として市場調査や商品企画に携わる。彼女はいわゆる経営コンサルタントの女性起業家、その双方のはしりであった。

その彼女が後年、なぜ「江戸しぐさ」と出会い、芝の後継者となったのか。それを語るにはいったん日本を離れ、インドと北米に目を向けなければならない。

一九七八年、ＡＩＭ（アメリカインディアン運動）主宰者でオジブワ族出身のデニス・バンクス（一九三七〜二〇一七）は、合衆国政府の先住民自治権剝奪政策に抗議し、有志を集めてサンフランシスコのアルカトラズ島からワシントンDCまで徒歩で行進するロンゲスト・ウォークを企画した。

バンクスの志は合衆国以外の人々からも共感を集めた。ロンゲスト・ウォークには日本からの参加者として、日本山妙法寺の建立者である僧・藤井日達《にったつ》（一八八五〜一九八五）とその弟子たち、映画監督・脚本家・漫画原作者の宮田雪《きよし》（一九四五〜二〇一一）、その宮田のスタッフだった越川威夫《たけお》（一九五四〜）らが加わっていた。この越川威夫は、越川禮子の次男である。

宮田雪はアニメ『ルパン三世』で義経ジンギスカン説やイエス・キリスト日本渡来説を取り入れた脚本を書いたり、水木しげるのマンガのために「ノストラダムスの大予言」が的中していた、という内容の原作を提供したりとオカルト話好きな人物だった。

その宮田がアメリカ先住民の文化の中でも特に興味を持ったのがホピ族（主にアリゾナ北部の居留地に住む農耕民族）の予言といわれるものである。

ホピ族の居住地域はウランや石炭、石油などの地下資源が豊富で、しばしば合衆国政府の移住政策の対象とされてきた。ホピ族が、その移住政策への抵抗の根拠として持ち出したものの一つに先祖からの予言があった。人が欲望にかられ、みだりに地中のものを掘り出すのは滅びへの道だというわけである。

このホピ族の予言は、当時、先住民居留地のウランから核兵器をつくることに反対する平和運動家やエコロジストの一部からも注目されていた。

宮田とそのスタッフである越川威夫は、そのホピ族の予言とそれを信じる人々の行動をドキュメンタリー映画にするため、取材がてらロンゲスト・ウォークに参加した（映画は一九八六年、『ホピの予言』として完成）。

越川威夫はロンゲスト・ウォークを通してバンクスとの交友を深め、一九八〇年の世界平和と環境保護を説きながらのサンフランシスコからワシントンDCまでの徒歩行進「生存のための行進」のコーディネーターに指名された。以来、カリフォルニアに定住し、アメリカの商事会社ピアザ・トレーディングの役員を務めている。

また、バンクスの活動を記録したドキュメンタリー映画『死ぬには良い日だ』（二〇一〇）の共同プロデューサーとなり、その原作であるバンクスの同名の伝記（デニス・バンクス、リチャード・アードス原著、二〇〇四。邦訳は三五館、二〇一〇）の翻訳者（石川史江、越川威夫共訳）としても名を連ねた。越川禮子は我が子の縁で、藤井日達やデニス・バンクスとも面識を持った。

後年のことであるが、二〇一二年一一月一五日、原宿で開催されたデニス・バンクス来日記念トークショーでは、越川威夫がコーディネーターを務め、スピーカーとして越川禮子も参加した。ちなみにそのイベントはバンクスと日本のシンセサイザー奏者・喜多郎《きたろう》が共作した音楽CD『LET MOTHER EARTH SPEAK 母なる地球に耳を傾けよう』の即売会でもあった。

✝米国の高齢者の社会的自立運動「グレイパンサー」に注目

さて、話を一九八〇年前後に戻そう。越川禮子は藤井日達の知遇を得て後、日本山妙法寺の布教現場であるインドにも足を運び、その地でハリジャン(不可触賤民)の集落をいくつも見た。

腐った莚《むしろ》を重ね合わせたような小屋は、衝撃的な貧しさと汚さの巨《おお》きな腫瘍だった。茶褐色の大地が蠢くように地から湧き出た無数の地虫のように、どろどろの着衣で歩く人々——。眼が光り、白い歯が目立つ彫りの深い真黒な顔、顔、顔……。バスがその群れをかき分け押し分け進まなければならなかったガンジス河のほとり、リシケシの町。一見、バクシーシ（喜捨）を求めて後から後から差し出される何本もの棒のような手。一見、救いのない風景のなかで、汚れた舞台衣裳さながら、一瞬、息をのむ美しさのような原色のサリーがひるがえる、幻想的なシーンに魅せられた。

その体験は強烈で、それはなぜか唐突にも、日本に加速度的な勢いで訪れるという高齢化社会のイメージと重なって、私の脳裏をたびたび襲うようになった。

（越川禮子『グレイパンサー』潮出版社、一九八六）

かくして、インドで高齢化社会への不安と直面することになった越川禮子は、インドから帰国して後、今度は日本にとって高齢化社会の先輩ともいえるアメリカの公民権運動に学ぶための旅路についた。

越川禮子が注目したのはグレイパンサー運動である。グレイパンサー運動とは、先住民系の社会運動家マギー・クーン（一九〇五～九五。越川は「マギー・キューン」と表記）が一九七〇年に立ち上げたもので、先住民文化の伝統に学びつつ、高齢者の社会的自立をうながすという内容であり、さらに反人種差別運動、フェミニズム運動、反戦運動ともリンクしていた。「グレイパンサー」とは毛が灰色になるまで老いた豹、すなわち歴年の戦士としての長老という意味である。

越川禮子はグレイパンサー運動の指導者たちにインタビューしてその成果をレポートにまとめた。マギー・キューンその人とは直接会うことはできなかったが、代理で越川威夫がインタビューすることで完成を見た。そのレポート『グレイパンサー』は一九八六年の潮賞ノンフィクション部門の優秀作に選ばれ、同年、潮出版社から単行本として発売された（「越川礼子」名義）。

✝先住民としての「江戸っ子」

一九九一年一一月、越川禮子は芝三光にあてた最初の書簡に自著『グレイパンサー』を同封した。芝も返信において「マギー・キューン様と、その運動に関する玉稿のご本、同封寄贈にあずかり、ありがたくお礼申し上げます」と丁寧な礼を述べている。

後に芝は、越川に次のように語ったという。

マギー・キューンが提唱してアメリカで始まったというシェアード・リビングね。越川さんが書いた『グレイパンサー』でそれを知った会の古老がえらく喜びましてね。「助け合って高齢化社会を愉快に過ごそうなんて、江戸じゃ二百年前からやってるよ。アメリカは遅れているよ」

それから間もなく亡くなってしまったんで、喜ばせてやって良かったと今でも思っているんですよ。

（芝三光の講話『江戸の繁盛しぐさ』）

越川も「マギー・キューンの提唱と師が言われる「共倒れしないための江戸の共生意識」には共通点が多い」と『江戸の繁盛しぐさ』で述べている。

また、越川が芝に会うきっかけをつくった村尾清一は、越川に次のように述べて連絡することを勧めたという。

「芝さんは、ちょっと風変わりな方ですが、同じグレイパンサーですから、思い切って接触してごらんになったら」

芝、越川ともに「江戸しぐさ」とマギー・クーンの思想の類似を認め、村尾が芝をグレイパンサーと呼んだという記述は興味深い。越川が、日本のマギー・クーンにあたるような人物を探して芝にたどり着いたことを示しているからである。

越川は『グレイパンサー』出版後第一作として「台所のペレストロイカ――渦中のバルト諸国を主婦の目で旅する」というレポートを発表している（『潮』一九八九年一二月号）。

エストニア・ラトビア・リトアニアのバルト海沿岸三国は一九四〇年にソ連に併合され、一時期、ナチスドイツの統治下におかれてから第二次大戦末にふたたびソ連に占領された。一九八五年、新たにソ連書記長となったミハイル・ゴルバチョフの改革政策（ペレストロイカ）はバルト三国に独立への希望を与え、この地域の独立・民主化運動が急速に力を得ていた（再独立実現は一九九一年八月のソ連クーデターによる）。

越川は、この独立への機運高まるバルト三国をレポートしに行ったのだが、できあがった文章は観光旅行中の日記といった体でめりはりに欠けていた。それと言うのもバルト三国レポートには、『グレイパンサー』におけるマギー・クーンのような中心となる魅力的キャラクターがいなかったからである。

ジャーナリストとしての越川が求めていたのは、マギー・クーンのように先住民文化の伝統を背負ったカリスマ性のある長老だった。越川は芝と出会うことでようやくその目的を果たした。そして、芝は越川にとって、単なる取材対象であることを越えた、生涯かけてその教えを守り伝えるべき師となっていくのである。

†先住民文化への期待

ここで注意しておくべきことは、一九七〇年代、文明社会が忘れ去った叡智が先住民文化で継承されている、あるいは、先住民文化は文明社会と違って自然と調和したエコロジカルなものだった、という概念が欧米で急速に広まっていたということである。

それにはアメリカ先住民の文化復興運動が大きな刺激となっていた。皮切りとなったのは一九六〇年代末のサンダンス復興運動である。

サンダンスはアメリカ先住民の宇宙観を象徴するとされる円形の広場に柱を立て、その周囲で踊り手が苦行に耐えることで部族の繁栄を祈るという儀式で、合衆国では野蛮な風習として長らく法律で禁止されていた。

それがＡＩＭの働きかけでふたたび行なわれるようになったわけである。サンダンスはもともとマンダン族の儀式とされていたものだが、マンダン族は一九世紀に滅んでいたため、スー族の祈禱師が自分たちの儀式から復元したものを他の部族の若者たちも学ぶ、という形で復興が行なわれた。

一九七一年には、サウスダコタ州のウーンデッド・ニーで大規模なサンダンスが開催された。この時は、警察が出動して儀式のために集まった人々と一触即発の状態となったが結局、会場を移動させることで政府との対決を避けることができた。以来、サンダンス復興は世論の支持を得て、現在もスー族を中心に儀式は続けられている。

なお、このウーンデッド・ニーという土地はアメリカ先住民の歴史においてきわめて重要な意味があるのだが、それについては第五章で後述したい。

ホピの予言や、ロンゲスト・ウォーク、グレイパンサー運動なども先住民文化の復興運動の一環として理解できる。

また、その時期にはアメリカ白人社会の側にも、アメリカ先住民を殺害し、土地を奪い、文化を破壊したことへの贖罪意識も芽生えてきた。さらに環境汚染や資源枯渇による人類の危機が叫ばれるうちに、その危機を既成の文明の限界ととらえ、先住民文化にはそれを乗り越えるための叡智が秘められているという主張もさかんに出てくるようになった。その悔悟、白人社会側のそうした期待に応える方向での「伝統」の見直しも行なわれた。

†典型的なインチキ擁護の方法

その典型が、アメリカの文化人類学者カルロス・カスタネダ（一九二五～九八）がメキシコのヤキ族の呪術者から学んだという『ドン・ファンの教え』である（真崎義博訳『呪術／ドン・ファンの教え――ヤキ族の知』二見書房、一九七二）。

カスタネダ自身の主張によると、彼は学生時代、メキシコの荒野で呪術師ドン・ファンと寝食を共にしてその教えを受けた。ドン・ファンは幻覚性の植物を使ってカスタネダの意識を新しい次元に導き、世界の真の姿を見せたという。

カスタネダの著書は世界的なベストセラーとなり、七〇～八〇年代の精神世界ブームをもたらす原動力の一つとなった。

ところが現在では「ドン・ファンの教え」はカスタネダのフィクションであり、ドン・ファンは架空の人物であることが判明している。カスタネダはドン・ファンと共にヤキ族呪術者の「伝統」をも捏造していたのである。

ちなみに、カスタネダを称賛していた人たちの多くは、カスタネダのインチキが解明され始めた時にどのような言動をとったか。驚くべきことに彼らは相変わらずカスタネダを讃え続けたのである。中には、「ドン・ファンの教え」は事実ではなくても内面的真実に基づいている、などと擁護する人もいた。中には、アメリカ先住民の伝統に深い叡智《えいち》を見出すとともに、それと同じ伝統が西欧にもあったと唱えた者もいた。

チェロキー族出身の人物が少年時代を回想した自叙伝という『リトル・トリー』(一九七六)は一九八〇~九〇年代に日本を含む各国語に翻訳され、世界的なベストセラーになった。その実際の著者がアメリカ先住民どころか白人至上主義・人種差別論者のアサ・アール・カーター(一九二五~七九)であることは、一九九一年には明らかにされていたが、その事実がこの書籍の評価に影響するには長い時間を要した。

ビジュアル・アーチストのロバート・リチャード・ヒエロニムス(一九四三~)は一九八九年の著書"America's Secret Destiny"(邦訳『アメリカ国璽《こくじ》の秘密』)で、アメリカ合衆国の民主主義・平等思想・連邦制度はアメリカ先住民がコロンブス到来以前から構成していた部族連合・イロクォイ同盟に起源すると主張した。そして、同様の思想は西欧の秘密結社によっても伝承されていたため、アメリカ合衆国のシンボルには秘密結社の符牒《ふちよう》がいくつも採用されていると説いた。

ヒエロニムスの著書は論旨が混乱していてわかりにくい。アメリカ民主主義の起源を

（西欧の思想史を無視して）アメリカ先住民に求めるか、西欧伝統の影響だけで説明した方がすっきりした内容になっただろう。しかし、ヒエロニムスは自らが属する西欧起源の文化の理想が、アメリカ先住民の「伝統」によって裏打ちされることを望んだのである。

アメリカ先住民の叡智をありがたがる風潮は当然、日本にも波及している。一九九〇年にはアメリカの教育コンサルタントだったドロシー・ロー・ノルト（一九二四～二〇〇五）の詩“Children Learn What They Live”が、『アメリカインディアンの教え』という表題で邦訳されてベストセラーになっているが、その内容はアメリカ先住民と関係ない。

さて、越川禮子もそうした先住民文化志向の影響下にあった。越川は芝の人となりについて、次のように述べている。

> マスコミに出るとなっても、行った先の対応に〔江戸しぐさ〕を感じられないと帰ってきたり……。これから放送するっていう直前にキャンセルしたこともあったそうです。そんなことをしたら、マスコミからは要注意人物扱いになりますよね。だけど芝先生の〔江戸しぐさ〕の話を聞いた人は、もう面白くてたまらないって「うなっちゃった！」人も多い。だから、諸刃《もろは》の剣を持った人なんでしょうね。すごい魅力的なところと、も

のすごい嫌なところを併せ持っている。あるTVプロデューサーの方が、芝先生は〈江戸しぐさ〉とはおよそ反対のものを同時に持ってる人、と評しましたが、そこがまた魅力でもあったでしょう。

（越川禮子・林田明大『「江戸しぐさ」完全理解――「思いやり」に、こんにちは』三五館、二〇〇六）

芝のトリックスターぶりがうかがえる証言である。そういえば、カスタネダが語るドン・ファンもなかなかのトリックスターだった。

カスタネダは自らを先住民文化の継承者にするために架空の師を捏造しなければならなかったが、越川はそうするまでもなく、実際に先住民文化の継承者を称する師とめぐりあえたわけである。

越川は、『商人道「江戸しぐさ」の知恵袋』（講談社+α新書、二〇〇一）で、次のように述べている。

「江戸しぐさ」の根底には、生まれたことに感謝し、相手を人間として尊重し、思いや

る心、生きるために大事なものをみんなの共有物と考え、刻《とき》（時間）さえも共有する思想がある。（三、四頁）

「江戸しぐさ」は互助、共生の精神から生まれた。（一五頁）

江戸に生きる人々は草主人従《そうしゅじんじゅう》、自然が主人公で人間のほうが従うという思想哲学を持っていた（一八四頁）

共有・互助・共生、そして自然に従うエコロジカルな発想、これらはアメリカ先住民の文化・思想を称賛する際によく使われる表現でもある。

越川が芝の教えから構築した江戸っ子像は、たまたま日本に現れたアメリカ先住民の一部族と言ってもいいかもしれない。

なお、越川が語る「江戸しぐさ」には、第六感で危機を避ける「ロクを利かす」という概念があり、関東大震災の朝に江戸っ子はロクを利かせて東京を離れたという話まで語られている。これは「江戸しぐさ」とスピリチュアリズムの接近を示す事例の一つだろう。

†「江戸しぐさ」をビジネスにした男

桐山勝は一九四四年、神奈川県平塚市に生まれた。早稲田大学政治経済学部卒業、日本経済新聞社に入社。新聞記者として活躍した後、出版局企画開発部長に異動した直後、ビジネス評論家の青木匡光《まさみつ》（一九三三〜）から越川禮子を紹介され、「江戸しぐさ」に関心を持った。

桐山は、越川の聞き書きの相手について確かめるべく、芝にも面会を申し込んだ。芝のマンションを会見予定の五分前に訪ねたが、姿が見えない。出迎えの越川とやりとりした後に部屋に通され、やっと芝が現れた。実は、芝は風呂場に隠れ、ちゃんと予定時間の五分前についたか、挨拶がきちんとできたか、などをチェックしていたという。

桐山が編集を担当した『江戸の繁盛しぐさ』は越川による最初の「江戸しぐさ」本であるばかりでなく、「江戸しぐさ」の内容を具体的に解説する最初の書籍となった。

その後、桐山はテレビ大阪取締役報道局長、日経CNBC代表取締役社長、同社常勤監査役などを歴任し、いくつかの大学や市民講座でメディア論などの講師も務めた。

桐山は日経CNBC代表取締役社長を退任した二〇〇四年頃から「江戸しぐさ」の時代考証にとりかかった。ただし、その考証は「江戸しぐさ」の内容を批判的に検証するものではなく、江戸時代の豪商の事績や商人訓、商業道徳などに関する既存の資料と「江戸しぐさ」の内容をこじつけていくものだった。

それはとても考証と言える内容ではなかったが、実際の江戸文化とあまりにかけ離れた「江戸しぐさ」の内容になにがしかの真実味を与える役にたった。

さて、越川は芝の没後、講演や雑誌への寄稿、著作などによって地道に「江戸しぐさ」の普及を続け、企業研修や学校教材として草の根からの浸透を図っていた。その活動に桐山が合流することで「江戸しぐさ」に新たな展開が生じてくる。

二〇〇四〜〇五年頃、「江戸しぐさ」は公共広告機構（現ACジャパン）のテレビCMや東京メトロのマナー啓発ポスターに取り上げられることで一気にその知名度が高まった。

二〇〇七年九月一一日には東京都にNPO法人江戸しぐさを設立登記、越川は理事長、桐山は副理事長となった（その後、越川は名誉会長、桐山は理事長に就任）。

二〇〇七年一〇月二〇日には東京・深川の清澄庭園大正記念館でNPO法人江戸しぐさ設立記念交流会を開催。当日に行なわれた記念講演では、SF作家で江戸文化研究家としても高名な石川英輔《えいすけ》から「『江戸しぐさ』は資料に乏しいが、江戸のよさをよく体現しているので応援したい」との言質《げんち》をとった。

二〇〇九年一月、NPO法人江戸しぐさは、セミナーの企画・運営または開催、書籍の制作、電子出版物の提供、教育用等ビデオ制作などについての登録商標として、「江戸しぐさ」という用語自体を出願、同年一〇月には認可されている。

桐山は、NPO法人江戸しぐさのウェブ・サイトにおいて、「江戸しぐさの誕生とその系譜」とそのほかの読み物記事、コラムを執筆、WEBによる「江戸しぐさ」拡散に貢献した。

桐山が著した「江戸しぐさ」本としては、『人づくりと江戸しぐさ　おもしろ義塾』（越川禮子との共著、二〇〇九）、『おもしろ義塾2　豪商と江戸しぐさ　成功するリーダー列伝』（二〇一〇、どちらもMOKU出版）がある。

桐山のこの二冊の著書は経営者・管理職を主要購買層とするビジネス書である。桐山は「江戸しぐさ」に経営論としての実用性を求めた。さらにいえば、普及を名目とする法人を登記し、名称を商標登録するなど、「江戸しぐさ」そのものをビジネスの対象とするという発想は、桐山の参入なしでは出てこなかったかもしれない。

桐山は二〇一一年春から江戸文化に関する専門家を招いて、NPO法人江戸しぐさの会員による勉強会を行なう「江戸しぐさ専門講座」を開講、さらにその参加者から有志を集めて、「江戸しぐさ」用語に関する辞典の編纂を始めた。その成果は越川禮子監修・桐山勝編著『江戸しぐさ事典』（三五館、二〇一二）として世に出されている。『江戸しぐさ事典』には、現実の江戸文化に関する記事も多く取り込まれているが、その結果として、この書籍は「江戸しぐさ」と現実の江戸文化の乖離を隠蔽《いんぺい》する役割も果たしている。

桐山が逝去したのは二〇一三年一月一六日のことであった。その直後、NPO法人江戸しぐさは講師養成制度の運営に着手する。それまで「江戸しぐさ」講師の任命権は越川に独占されていた。一説に、越川はNPO法人江戸しぐさの正会員で自分の付き人として講演に一〇回以上お供した人を五年ほどかけて講師として育てていたという。

そして、二〇一三年秋、NPO法人江戸しぐさは正式に認定講師養成講座を開講。一定のカリキュラムを終えた後に理事会の判定を経て講師になることができる制度を設けた。

この時期、教育現場での「江戸しぐさ」の導入は急激に進んでおり、この新制度が運用されれば同法人はそのための人材の需要にこたえることができるはずだった。

また、この新制度では各カリキュラム受講ごとに参加費を支払うよう定められていた。つまりは進行中に何度も主宰者が課金できるシステムだったのである。

しかし、この新制度は結局、大きな成果を産むことはなかった。桐山を失ったNPO法人江戸しぐさはそのシステムを運営するための経営能力を欠いていたのである。

第二章
「親学」とは何か

†親のための学び

最近、教育関係の話題でしばしば出てくる用語に、「親学」なるものがある。その概略を示す文章として、もっともよくまとまっているものを引用しよう。

「親学《おやがく》」とは、親や、これから親になる人々に、親として学ぶべきことを伝えるものです。親になるための教育なんて必要か、と思われる向きもあるかもしれません。

長い歴史の中で、子どもを生み育てることは、家族や社会にとってごく自然な営みであり、あえて学ぶものではありませんでした。しかし、急激にすすむ核家族化や、地域のつながりの希薄化に伴い、子育てに必要な情報を得るのが難しくなってきています。

これまでは、家族代々の知恵として祖母・母などから受け継がれ、地域の習慣や伝統に根づいたものであった子育ての方法が、うまく伝わらなくなってきたのです。

そこで、親学は、親のための学びの場を提供します。親学を通じて、親としての自覚を深め、親として成長していってもらいたいのです。

また、近年顕著である少子化や核家族化によって親子の関係は大きく変化し、親子の密着や過干渉、また逆に育児放棄などが深刻な問題となって表れてきました。親学はこうした大きな問題にも対応していきます。

さらには、親学を学んだ人が、親学を実践し、自らの成長を、子どもに、学校に、地域にと照射していくことによって、社会をよりよい方向へ変えていくことも目指してます。

（PHP親学研究会編『「親学」の教科書――親が育つ 子どもが育つ』PHP研究所、二〇〇七）

親学の主唱者は高橋史朗《しろう》という人物である。その経歴は表1の通りだ。海外シンクタンク研究員、教育行政に関わる教育委員や審議会専門委員、大学教授などを歴任している。その高橋は、親学会に参入した経緯を次のように述べる。

筆者が「親学会」に参加するようになったきっかけは、長野県岡谷市で長年にわたって熱心にモラロジー研究所の社会教育活動に取り組んでこられた山崎公久氏が仲介役となって、都内のホテルで親学会の幹部とお会いし、「親学」に対する熱意、使命感に深

表1　高橋史朗氏の経歴

1950年、兵庫県龍野市生まれ。両親はモラロジー研究所講師・前田三作の教えを受けていた。早稲田大学大学院修了（教育学専攻） 1970年代半ば、生長の家学生会全国総連合委員長 1981～82年、スタンフォード大学フーバー研究所客員研究員（保守系シンクタンク） 1980年代、臨時教育審議会専門委員 国際学校研究委員会（文部省委託）委員 神奈川県学校不適応（登校拒否）対策研究部会長など歴任 明星大学・戦後教育史研究センター長に就任 1996年、新しい歴史教科書をつくる会設立にあたってその当初から参加 1990年代後半から2000年代前半にかけて感性教育研究所所長 ホリスティック教育フォーラム代表などの肩書でホリスティック教育を指導（家庭教育支援法案に理論的根拠を提供） 2004年、埼玉県教育委員に就任、07年より埼玉県教育委員長 2004年、福田一郎を会長とする親学会が発足、高橋は副会長の一人に就任 2006年、親学推進協会設立 2009年、親学推進協会を一般財団法人として登記 2013年10月24日、下村博文の主宰する勉強会で「江戸しぐさ」講義 2015年、“Nanjing Massacre”関連資料世界遺産登録に対するユネスコへの異議申し立て意見書を日本外務省の依頼で作成 現在、一般財団法人親学会会長、明星大学教授

い感動を覚えたことにあります。

（親学会編・高橋史朗監修『親学のすすめ——胎児・乳幼児期の心の教育』モラロジー研究所、二〇〇四）

この引用では高橋が、あたかもすでに存在していた親学会の幹部と会い、それが縁で参加したように読める。しかし、実際には、高橋は親学会結成当初からの副会長だった。長野県で活動してきたモラロジー研究所の山崎公久という人物は、地元教員組織の一つ、下伊那教育会の教員研修に高橋を招いて、講演と「高橋史朗を囲む会」を長年主宰してい る人物である。都内のホテルで会ったという「親学会の幹部」とは、親学会が設立された時に幹部となった人物であり、山崎は高橋の思想を広める場を新たにつくるために協力してくれそうな人物を集めて顔合わせを行なったとみなすのが妥当だろう。

ちなみに高橋は同じ「まえがき」で、親学会の発足に特に尽力いただいた人々として次の三人を挙げている（肩書は発足当時）。

・福田一郎（東京女子大学名誉教授、遺伝学専攻・理学博士、親学会会長）
・益田晴代（日本ペンクラブ会員、㈱益田屋専務取締役、親学会副会長）

・高橋えみ子（小児科医、NPO法人日本子育てアドバイザー協会講師、親学会副会長）

このうち、福田一郎は親学推進協会設立当時には理事、高橋えみ子は特別委員となっており、その人脈の連続性を示す役割を果たした。

教育行政との連動へ

『親学のすすめ』で高橋は、当時のオックスフォード大学ケロッグカレッジ学長、ジェフリー・トーマス（一九四一～）の、次の言葉に触発されて「親学会」が設立されたと述べている。

「現在、学校でも、大学でも教えていないのは親になる方法だ。現在の社会はこの親になる教育にもっと関心を向け、親としての自分を向上させることが大切である」

（『親学のすすめ』）

ところが、これについて典拠を探っていくと、実際のジェフリー・トーマス学長の発言はやや違ったニュアンスのものだったことがうかがえる。

「ともすれば学校では多くのことを教えすぎがちだが、その中で、学校でも大学でも教えていないのは、親になる方法だ。生物学的に人間は再生産されているから、皆同じように子供を育てる能力が備わっていると考えられている。それなら、親としての教育にもっと関心を向け、向上させることには、大きなメリットがあるのではないか。半分冗談だが、子供を教育するにあたり、困難さと責任について自覚しているかどうかを証明する試験に受からなければ、子供をつくってはいけないというのはどうだろうか（笑い）」

（「クローンベルク座談会　五人の知性が語り合う」『読売新聞』二〇〇一年一月三日付朝刊）

この発言をトーマス本人は「半分冗談」と明言している。『親学のすすめ』第九章において、高橋もこの部分を引用している。ところが、「トーマス学長は、半分冗談だが、と断わっておられますが、このように、まさに日本でも「親になるための学び」「親としての学び」が必要なのです」と、あっさりと流してしまっている。

しかし実際には、「半分冗談」こそが真意で、場を和ませるために、座談会の流れで出てきたものであろう。座談会はこの後別の話題に移行していて、特にこの発言を重視している様子はないのだ。子供をつくることの禁止というオチからすると、やや下《しも》がかったジョークと解するのが妥当だろう。トーマスも、自分のジョークが、めぐりめぐって一国の教育行政に大きな影響を与えつつある、と知れば面食らうかもしれない。

現在の親学推進協会の主張では、親学は政府主導の歴史的背景を有するものだという。表2は、親学推進協会がウェブ・サイトに掲載する「歴史的背景」である。

つまり親学推進協会の公式見解としては、親学を昭和六二年（一九八七）以来の政府、特に文部省（二〇〇一年以降は文部科学省）の道徳見直し政策の延長線上にとらえているわけである。

親学会では、親学の原点が、ジェフリー・トーマスの言葉に触発された高橋の発案に求められていたのに対し、親学推進協会ではそれを国家の方針と結びつけている。これは親学会から親学推進協会へと組織改編するにあたって、国家への支援という意義を強調するようになった現れだろう。

表２　親学推進協会の歴史的背景

・政府の動き

昭和62年４月　臨教審最終答申「親となるための学習」
平成10年４月　次代を担う青少年について考える有識者会議「親としての学習」「親になるための学習」
11年７月　青少年問題審議会答申「若い親やこれから親になろうとする人たちに対し、子どもの精神的、身体的発達について指導するような教室を設ける」
12年２月　教育改革国民会議「親が人生最初の教師」「国及び地方公共団体は……すべての親に対する子育ての講座……など、家庭教育支援のための機能を充実する」
13年３月　「スポーツ活動等を通じた青少年の健全育成に関する調査研究委員会」報告書（自治省）
13年６月　経済財政諮問会議「子育て支援策を推進する」
18年５月　政務官会議（あったかハッピープロジェクト）中間とりまとめ
18年６月　少子化社会対策会議「新しい少子化対策」
19年１月　教育再生会議第一次報告「教育委員会、自治体および関係機関は、これから親になる全ての人たちや乳幼児期の子どもを持つ保護者に、親として必要な『親学』を学ぶ機会を提供する」
19年６月　教育再生会議第二次報告「親の学びと子育てを応援する社会へ」「子育てにかかわる科学的知見の例」「骨太の方針」・「子どもと家族を応援する日本」重点戦略検討会議中間報告
19年11月　『少子化社会白書』……「親としての学び」「親育ちの子育て支援」「家庭教育に関する学習機会や情報の提供」

19年12月　教育再生会議第三次報告「親の学びを地域で支援する」
20年５月　教育再生懇談会第一次報告「親学など家庭教育について学ぶ」

・文部科学省の動き
平成13年７月　社会教育法の一部改正
「家庭教育に関する学習の機会を提供するための講座の開設及び集会の開催並びにこれらの奨励に関すること」を教育委員会の事務として規定
15年３月　中教審答申「教育行政の役割としては、家庭における教育の充実を図ることが重要である」
16年３月　中教審生涯学習分科会・審議経過報告「親になるための学習」「親が親として育ち、力をつけるような学習」

「親守詩」運動

親学に基づく具体的行動として、現在、進められていることの一つに「親守詩《おやもりうた》」の普及運動がある。「親守詩」とは、俳句・和歌・エッセイなどさまざまな形で、子供が親への感謝の念を伝えるという文芸活動で、当初は愛媛県・松山青年会議所の提唱で始まり、隣の香川県でも行なわれるようになったものである。

二〇一一年六月、沖縄県親学推進議員連盟が設立されると八重山青年会議所の主催、同県の石垣市・与那国町・竹富町の協力で小中高校生からの作品の募集が行なわれた。翌年二月にはその中から選ばれた優秀作の表彰式が行なわれ、地方紙・八重山日報にその作品が掲載された。その後、大阪府・埼玉県・熊本県・長野県・東京都府中市などでも地方議会での親学推進議員連盟が設立されるなど、地方での影響力を広げていくとともに、「親守詩」の募集もその範囲を広げていった。

二〇一二年にはすでに全国組織としての親守詩普及委員会が各地大会を開催しており、さらに二〇一三年には東京ビッグサイトにて第一回全国大会まで開かれた。

現在、「親守詩」の普及には数多くの企業や団体が関わっている。たとえば平成三〇年度の親守詩全国大会での協賛・後援は表3の通りである。

高橋は「親守詩」の意義を次のように説明する。

日本の伝統的子育ての原点は『万葉集』にある山上憶良の「銀《しろがね》も金《くがね》も玉も何せむに勝れる宝子に及《し》かめやも」という和歌に込められた、子供への愛情を「子宝」とあらわした「親心」にあり、吉田松陰は辞世の句で「親思ふこころにまさる親ごころけふの音づれ何ときくらん」と詠みました。

斉藤茂吉は山上憶良のこの和歌を第一等の歌と評価し、自身も「死に近き母に添寝の

表3　第5回親守詩全国大会の協賛・後援一覧

・協賛

損保ジャパン日本興亜ひまわり生命株式会社／株式会社カーテン・じゅうたん王国／ヤマキ株式会社／日本郵便株式会社

・後援

文部科学省／内閣府／総務省／一般社団法人倫理研究所／全国国公立幼稚園・こども園長会／全国連合小学校長会／全日本中学校長会／全国高等学校長協会／一般社団法人全国教育問題協議会／日本教育協会／株式会社日本教育新聞社／一般社団法人全国高等学校ＰＴＡ連合会／公益財団法人モラロジー研究所／株式会社ＥＲＰ／全国教育管理職員団体協議会／伝統和文化マナーマイスター協会／公益社団法人日本教育会／株式会社ＮＨＫ出版

・協力

日本教育文化研究所／一般財団法人親学推進協会／特定非営利活動法人ＴＯＳＳ／公益社団法人日本青年会議所／公益社団法人マナーキッズプロジェクト／特定非営利活動法人まほろば教育事業団／一般社団法人日本文化教育推進機構

しんしんと遠田の蛙天《かはづ》に聞ゆる」と詠みました。このような親子の情が日本民族の精神的伝統であり、日本の心、日本の情緒の中核だと数学者の岡潔は喝破しました。このわが国の精神的伝統を現代に蘇らせるために「親守詩」を全国に普及したいと思います。

（高橋史朗『家庭教育の再生――今なぜ「親学《おやがく》」「親守詩《おやもりうた》」か。』明成社、二〇一二）

なるほど、たしかに憶良、松陰、茂吉の歌はいずれも秀歌である。しかし、憶良の歌はあくまで親の立場から子供への愛情を歌ったものである。いっぽう松蔭と茂吉は死を目前に親を思った歌だ。松陰の歌は彼が安政の大獄で刑死した際の辞世の歌である。その享年は三〇歳だった。また、茂吉が実母の死をみとって連作「死にたまふ母」を発表したのは満三一歳を迎えた頃である。それぞれの歌に示された情は親子が死別せざるをえない、その事実の重みを踏まえたものである。

小中高校生の子供たち相手に親子の情を題材に歌わせるというイベントを正当化するのに、これらの歌を「伝統」として引き合いに出すのは妥当ではない。

子守唄は幼い子供をあやすために歌われるものである。いっぽう親守詩は、親への報恩を表現するものである。そこまで大人は子供に感謝されたいのだろうか。その普及に賛同し、我が子の詩作を望む親たちの心理は、いまや子供にあやしてもらわなければならないほど、不安定なのだろうか。

†科学的根拠としての「脳科学」

高橋は親学に関するさまざまな書籍で、その内容が最新の脳科学に裏付けられていることを強調している。高橋の著書で脳科学者として特に繰り返し出てくるのは、澤口俊之、森昭雄、福島章という顔ぶれである（表4）。

澤口は、脳科学をわかりやすく解説することで、マスメディアで活躍している。発達障害は後天的なものであり予防治療が可能だと主張し、発達障害を防ぐために「日本の伝統的な育児」なるものを奨励する。また、電車の中で化粧を直すなど、人目を気にしない若者は、脳の前頭連合野（前頭前野）が未熟であり、草食性男子の増加は電磁波によるホルモン分泌異常が原因だなどと主張している。

森は、脳波活動定量化計測装置なるものを発明、その装置を用いて著したNHK出版『ゲーム脳の恐怖』（生活人新書、二〇〇二）が三五万部超えのベストセラーとなった。「ゲーム脳」とは、ゲームのやりすぎで脳の前頭前野の機能が低下した状態で認知症患者の脳

表4　親学に関係する脳科学者3氏の経歴

澤口俊之　1959年、東京生まれ。京都大学大学院理学研究科動物学専攻博士課程修了（専攻は霊長類学）。イェール大学医学部神経生物学科博士研究員、北海道大学大学院医学研究科教授を依願退職。㈱人間性脳科学研究所を立ち上げてその所長に就任。

森昭雄　1947年、北海道生まれ。日本大学大学院文学研究科教育学専攻修士課程修了。日本大学教授、日本健康行動科学会理事（高橋史朗も同会理事）。

福島章　1936年、東京生まれ。東京大学大学院医学系研究科精神医学専攻博士課程修了。上智大学教授として、多くの刑事事件において容疑者の精神鑑定を行なう。

と同じだという。ただし森がいう前頭前野の機能低下と同じ状態は熟練した職人の作業中や将棋・囲碁などの名人の対局中にも見られる。

福島は、凶悪犯罪者の脳には形質上の異常がみられる傾向があるとする。若年層の犯罪増加に環境ホルモンやアニメの暴力シーンの影響があると主張している。冤罪が確定した足利事件では、福島の鑑定結果が有罪の証拠として採用されている。

なるほど、お三方とも肩書は大したものだが、若者社会や育児に関する個々の主張は、私には世代や環境による文化の違いを、そのまま脳の構造の違いにこじつけるような杜撰《ずさん》な議論にしか見えない。もっとも、その大雑把さがマスメディアにはわかりやすさとして受け取られ、テレビなどでの活躍や著書のヒットに結びついているようである。

高橋が親学の根拠に持ち出す「脳科学」については学説としての意義以上に、先入観との合致や権威づけのために選択されているものと見てよいだろう。

†サムシング・グレートなる概念

また、高橋は親学の正当性を裏付ける概念として「サムシング・グレート」なる概念を持ち出す。

これは、遺伝子に情報をかきこみ進化を方向づける、人知を超えた存在という意味で、筑波大学名誉教授・村上和雄（一九三六〜）がその存在を提唱している。

ただし、天理教の信者である村上は、次のようにも述べている。

「すべての宗教はサムシング・グレートについて語っています。サムシング・グレートは私にとっては祖神様ですが」（村上和雄・小滝透『科学者が実感した神様の働き』）

つまり、「サムシング・グレート」は、科学的と言うよりも宗教的な概念なのである。

実際、「サムシング・グレート」説はアメリカの「インテリジェントデザイン説」の単なる焼き直しにすぎない。

「インテリジェントデザイン説」とは、創造説と進化論の議論から生まれたものである。一九二〇年代、アメリカの学校で進化論を教えてはならないという反進化論法を州法として採用する州がいくつもできた。子供たちが進化論を知ることで、神が七日間で世界とすべての生物を創造したという旧約聖書の教えに疑問をもち、ひいてはキリスト教への信仰を失うのではないかという恐れからである。

しかし、進化論の正しさを証明する科学的根拠は着実に積み上げられていった。また、科学力が国力につながることが周知されるにつれ、今度は子供たちに進化論を軸としてきちんとした科学教育を施さなければアメリカの衰退は避けられないという危機感も生じてきた。そのため、一九八〇年代以降は反進化論法をめぐる裁判で、それを州法として採用することを違憲とみなす判決が続き、創造説はかつての威勢を失った。

そこで八〇年代末から創造説を「インテリジェントデザイン説」と言い換えることで教科書に残す運動が始まったのである。

「インテリジェントデザイン説」では、生物の進化は認めるが、それはあくまで高度な知性が設計したデザイン通りに進められるものだとする。そして、その高度な知性とは創造への意思を持つ主なる神に他ならないというわけである。

「インテリジェントデザイン説」は、宗教的信念を科学と強弁するもので、その提唱は何らの科学的手続きも経ていない。そして、そのインテリジェントデザイン説における（キリスト教の）主なる神を天理教の親神様に置き換えれば、そのまま「サムシング・グレート」説になるというわけである。

†歴史的な根拠は「江戸しぐさ」

親学の科学的根拠はあやふやなものばかりである。さらに歴史的根拠となるとさらにその内容は疑わしいものとなる。

渡辺京二著『逝きし世の面影』（平凡社ライブラリー）では、江戸末期に来日した欧米人たちの多くが、日本は「子どもの楽園」と表現し、「世界の中で、両親を敬愛し老年者を尊敬すること、日本の子供に如くものはない」「日本の子供ほど行儀よく親切な子供はいない」とあります。つまり、外国人の目には、日本の子供が幸せそうに暮らし、世界一親孝行で礼儀正しく、老人にも親切だと映ったのです。礼節をそなえた子供たちが今、日本から消えてしまったのはなぜか。そこで著者は、「それはこの子達をそのように育てた親たちがどこへ消えたのかと問うことと等しい」と指摘しています。つまり、親が変わったということです。日本の子供の礼儀が正しかったのは、江戸町方で組織されていた江戸講《えどこう》や寺子屋などで、親と地域が一体となって「江戸しぐさ」を教えてきたからです。多くの子供たちが自然に礼儀作法やマナーを身につけていたのです。それは、親が手本を示して、子供たちが真似《まね》るという形で教えてきたからにほかなりません。

（高橋史朗『脳科学から見た日本の伝統的子育て――発達障害は予防、改善できる』モラロジー研究所、二〇一〇）

高橋による『逝きし世の面影』の読み解きには誤読もしくは故意の曲解があるうえ、『逝きし世の面影』自体が江戸時代の文化に関する記録・資料として扱うのには問題がある。

さらにここで重要なのは、親学の歴史的根拠が現代人の創作である「江戸しぐさ」に求められていることである。

自民党の下村博文《はくぶん》は、文部科学大臣に就任する以前の二〇一三年一〇月二四日付ブログにおいて、自分が主宰する勉強会に高橋を招き、「江戸しぐさ」に関する講義をしてもらった旨記していた（現在、そのブログは閉鎖）。

高橋が提唱する親学の歴史的根拠として「江戸しぐさ」が想定されており、下村も親学への賛同者であるということを考えると、下村文部科学大臣の下でつくられた『私たちの道徳』に「江戸しぐさ」が採用されたのも、親学の思想的影響の一つと考えることができる。

さて、「江戸しぐさ」をコラムなどの形で採用した教材は『私たちの道徳』ばかりではなく、検定済み教科書の中にもあった。その一つ、育鵬社《いくほうしゃ》版『中学社会　新しいみんなの公民』（平成二四～二七年度）では、「江戸しぐさ」だけではなく「サムシング・グレート」というコラムも立てられている。

育鵬社は教科書出版のためにフジサンケイグループ傘下・扶桑社のさらに子会社として設立された版元である。

一九九六年、当時の歴史教科書の歴史観が左傾化しているのではないか、という観点から歴史教育の見直しを図る「新しい歴史教科書をつくる会」という団体が旗揚げしたことがある。私もその団体の初期のシンポジウムにパネラーとして招かれたことがあるが、その際、やはりパネラーとして同席していたのが高橋史朗だった。さらにその当時、同会を後押ししていたのがフジサンケイグループだった。

私は、結局は同会の運営に違和感を覚え、いったん入会したものの一九九九年頃に自然退会したが、その後、内紛が起こり、離脱したグループが扶桑社と組む形で新しい組織を立ち上げたという。それが育鵬社創設のいきさつである。そして、その離脱したグループの中心人物に高橋がいたのである。

その流れからすると育鵬社の教科書が親学の根拠とされるものを大きく取り上げるのは、むしろ当然というべきだろう。

†星空を美しいと感じないのは脳内汚染のせい?

高橋の考え方が端的に表れた一文に次のものがある。


新潟で合宿を行ったときのことです。東京生まれ東京育ちの小学生に星空を見せたとき、その子が何と言ったか。「空にじんましんができたみたいで気持ちが悪い」と言ったのです。これが〝脳内汚染〟の実例です。

美しいものを美しいと感じることができない子供たちが増えているのです。

なぜか。筑波大学名誉教授の村上和雄先生は、遺伝子のスイッチのオン・オフという説を唱えておられます。遺伝子は誰の中にも存在している。ただ、それはある働きかけがないとスイッチがオンにならないのだと。つまり、美しいものを美しいと感じる遺伝子も、恥ずべきことを恥ずかしいと感じる遺伝子も幼少期の頃に、働きかけがなければ、スイッチがオンにならないまま大人になってしまうのです。

（高橋史朗『家庭教育の再生』）

この文章には、いくつもの論理の飛躍がある。星空がじんましんに見えるという子供がいたという一例だけからでは、「美しいと感じることができない子供たちが増えている」という現状認識も「（遺伝子への）働きかけがなければ、スイッチがオンにならないまま大人になってしまう」という結論も導けるものではない。そもそも、物事を「美しい」「恥ずかしい」と感じることが、遺伝子の作用だと決めつけるべき根拠もない。

たとえば、その子供自身が発疹に苦しんだ経験があるとすれば、星空に自分自身の過去を投影させて見てもおかしくはない。

星空を見上げた際に沸き上がる感情にも文化の違いによる傾向もあれば個人差もある。

たとえば、ギリシャ神話が多くの星座としてその物語を天空に投影したのに対し、日本神話では、太陽と月以外の天体に関して明確に語る神話が乏しい傾向がある。古代ギリシャ人と古代日本人の間では星空に対して抱く心性が異なっていたのである。

アメリカの作家ハワード・フィリップス・ラヴクラフト（一八九〇〜一九三七）は、宇宙の広大さに対する人間存在の卑小さを感じ取ることによる根源的恐怖心を宇宙的恐怖（Cosmic Horror）と呼んだ。広大な星空に向けられる感情を「美しい」のみに集約しようという方が無理である。

また、ここに名前が挙げられている村上和雄は、先述の通り、「サムシング・グレート」という概念の提唱者である。

親学は論理ではなく、高橋の好き嫌いの感情によって、形づくられた概念である。結局、高橋は怪しげな「科学的根拠」や「歴史的根拠」によって自分の偏見を強化したうえに、それを他人の家族にまで押し付けているだけなのである。

第三章

親学の社会浸透

†理想像を勝手に仮託

二〇一七年、愛国心を養うためにと、軍歌を歌わせたり教育勅語を暗唱させたりするなどの指導を行なっていた大阪市の森友学園塚本幼稚園幼児教育学園（当時理事長は籠池泰典《かごいけやすのり》、本名・康博）が大きなニュースとなった。瑞穂の國記念小學院という森友学園系の私立小学校の建設予定地購入をめぐる疑惑だった。

著述家の菅野完《すがのたもつ》は、森友学園関連の資料について調査し、総理大臣夫人の安倍昭恵が、二〇一五年九月五日に塚本幼稚園で行なった講演会を機に、大阪府豊中市に開校予定だったこの私立小学校の名誉校長に就任していたことを考証した。その前年にも四月と一二月に訪問しているが、森友学園の講演会は「親学・教育講演会」と銘打たれていたという。

もっとも、二〇一七年四月開校を目指していた瑞穂の國記念小學院は、森友学園側が認可申請を取下げた。それというのも、建設のための国有地売却について不当に安く落札したのではないかという疑惑や、経営者が「安倍晋三記念小学校」の名目で集めた寄付金の管理の不透明さ、「安倍晋三からです」と安倍昭恵が同校への寄付として一〇〇万円を手渡したという籠池証言などが問題となり、籠池の国会衆参両議院での証人喚問（二〇一七年三月二三日）にいたったからである。

この騒動は、補助金詐欺容疑での大阪地検特捜部による森友学園本部ならびに経営者の自宅の捜索（二〇一七年六月一九～二〇日）、籠池夫妻の逮捕（同年七月三一日）、財務省による国有地売却決裁文書の改竄《かいざん》発覚（二〇一八年三月一二日）というスキャンダルに発展した。安倍夫妻側は森友学園の土地取得や寄付金集めへの関与、財務省などへの口利き疑惑を否定したが、森友学園経営者の側は安倍夫妻への非難を繰り返した。

親学推進協会はメルマガで、森友学園による「親学・教育講演会」には同協会の関与も承認もなかったと発表するにいたっている。しかし、菅野によると、塚本幼稚園では二〇〇八年五月、すでに高橋史朗自身が親学に関する講演を行なっていたという（『週刊朝日』二〇一七年六月一六日号）。また、第二章で紹介したサムシング・グレートの村上和雄筑波大学名誉教授も、歴代講演者に名を連ねている（二〇〇九年六月一四日）。

興味深いのは、塚本幼稚園で、安倍昭恵が語ったという内容である。ネットに残る映像では、森友学園側から与えられたテーマにそって、同学園の教育方針への賞賛がなされているが、高橋の説く親学の内容に関する言及はない。だからこそ親学推進協会は森友学園の講演会とは無関係という、いささか無理な主張を行なうことができたのである。

高橋を中心としてみれば、親学というのは、高橋の主観を絶対視するドグマである。ところが、親学の支持者の多くは、親学という言葉に自分が理想とする親子関係のイメージを仮託して語っている。

そのため、親学という言葉の意味は、扱いを誤ると、いかに親学関係者の説く資料を集めても、否、雑多な資料を集めるほど、とらえどころがない混沌の様相を呈してしまう。それを避けるには、高橋の主張という軸を見失わないことが肝要である。

†超党派の親学推進議員連盟

二〇一二年六月一二日、『毎日新聞』朝刊（東京版）に、発足したばかりの親学推進議員連盟に抗議が殺到し、お詫びしたことが報じられた。

> 親学議連「発達障害、予防は可能」
> 勉強会内容をブログで報告／抗議殺到し陳謝
> 超党派の国会議員でつくる「親学推進議員連盟」が5月末「発達障害を予防する伝統的子育て」をテーマに勉強会を開いたことが分かった。配布資料には発達障害児の育児

環境を「（子どもへの）声かけが少ない」とした表や「発達障害児は笑わない」「予防は可能」などの記述もあった。発達障害は子育ての問題だと受け取られかねない内容に、関係者の抗議が殺到、議連側は最終的に陳謝した。

発達障害を巡っては、大阪市の「大阪維新の会」市議団が5月に市議会への提案を目指した家庭教育支援条例案に「伝統的子育てで発達障害は予防できる」などの文言が盛り込まれ、批判を受け白紙撤回したばかり。政治の理解不足が改めて浮き彫りになった。

親学推進議連は4月、民主、自民など衆参両院の81議員で発足した。安倍晋三元首相（自民）を会長、鳩山由紀夫元首相（民主）を顧問とし、町村信孝元文部科学相（自民）らいわゆる「文教族」議員が多く名を連ねる。

勉強会は5月25日、衆院第2議員会館で開かれ、出席者によると、民間団体「さいたま市教育相談センター」の金子保所長と高橋史朗・明星大教授が資料をもとに講演した。

翌26日に議連事務局長の下村博文衆院議員（自民）がブログで内容を報告すると、発達障害者や親から「大阪の条例案と同じ」「発達障害について学んでほしい」と抗議が殺到した。下村議員は今月2日のブログで「誤ったメッセージになった」と陳謝。毎日新聞の取材に「（発達障害の言葉を）広義の意味で使っていたが、誤解を生まないよう、

親の育て方から生じる問題については別の言葉を考えたい」と語った。【田村佳子】

この記事には、齊藤万比古（当時国立国際医療研究センター国府台病院）により「発達障害は生来的な脳機能の障害で、予防法がないことは医学の常識」というコメントも添えられている。

これに関連して、一般社団法人日本発達障害ネットワークは、平成二六年六月二六日付で「親学推進議員連名　会員向けに周知のお願い」という抗議文を「親学推進議員連盟会長　安倍晋三様」宛に提出するとともにネット上に公表した。その内容は『毎日新聞』が報じた会合での配布資料に関するものである。

それによると、親学推進議員連盟会合で配布された資料で問題となったのは金子による「発達障害を予防する伝統的子育て」という文書である。その内容については「独断と偏見に満ちています」「（日本発達障害ネットワークの）報告の一部を都合よく解釈したものや、医学的根拠のない報告をつなぎ合わせています」としたうえで「「障害者ネットワーク」も納得などと事実と異なる記述」があることも指摘している。その上で、日本発達障害ネットワークでは「発達障害と〝伝統的子育て〟を無理やりに結びつけようとする親学」を非難し、あたかも同会が親学を支持していると誤解されるような内容があることについて親学推進議員連盟に善処を求めていた。

†発達障害を予防する?

さて、発達障害に関する誤解は親学の疑似科学要素の中心ともいえるものである。発達障害とは、その人が生まれつき持っている脳の特徴のために育児に困難が生じたり、本人が生きにくさを感じたりしてしまう状況のことで自閉症、アスペルガー症候群、注意欠如・多動性障害(ADHD)、学習障害、チック障害などが含まれる。

厚生労働省でも、公式サイトで、発達障害は生まれつきの特性で病気ではないことや、その特性を本人や家族・周囲の人がよく理解し、その人にあったやり方で日常的な暮らしや学校や職場での過ごし方を工夫することで本人の能力を生かした暮らしができることを発信し続けている。

発達障害を病気としてとらえ、予防や治療が可能だとする親学側の主張は厚生労働省ならびに、その公式見解を支える医学界の主流の見解と異なっているわけである。

先の配付文書の表題「発達障害を予防する伝統的子育て」によれば、発達障害は「伝統的子育て」によって予防可能だということになる。

「伝統的子育て」は「江戸しぐさ」とともに高橋史朗の著書で親学の歴史的根拠としてしばしば出てくるキーワードだが、その具体的な内容は曖昧である。だが、「伝統的子育て」としてどのような内容が想定されているかは、別の文献から明らかにできる。それは澤口俊之・片岡直樹・金子保共著『発達障害を予防する子どもの育て方――日本の伝統的な育児が発達障害を防ぐ』(メタモル出版、二〇一〇)という書籍である。その副題には「日本の伝統的な育児が発達障害を防ぐ」とある。

この共著者のうち、澤口は、高橋の著書において親学に科学的根拠を与えた人物としてたびたび言及されている。また、金子は親学推進議員連盟で問題の資料を配布した当人である。この副題に言うところの「日本の伝統的な育児」が、高橋の言う伝統的子育てと同義と見てよいだろう。実際、この書籍には「これを参考に育児をしてください――「脳科学に基づく親学」による伝統的子育ての創造的再発見」という推薦文も掲載されている。

†発達障害を治す?

『発達障害を予防する子どもの育て方』の冒頭には、共著者の金子の「この本を読んではほしい人に・まえがきにかえて」という一文が掲げられている。

そこで金子は次のように宣言する。

私たちは、発達障害を「治す」研究をしている、小児科医・脳生理学者・発達研究者です。そして、治療法の研究と同時に「発達障害は予防できないのか」という研究も行ってまいりました。

（略）

通常、発達障害は脳の機能障害によって起こり、治療の方法はわからないといわれていますが、私たちは2歳までならば改善可能であると思っています。筆者3人による、さまざまな臨床・実践研究の結果、「早期（2歳ごろまで）に発見し、適切な支援（育児）を行えば、ほぼ健常の発達をする」ことがわかっています。

（略）

私たちが提案している育児法は、難しいことではありません。昔、各家庭で普通に行われていたものです。

実はこの宣言には大きなごまかしがある。厚生労働省の啓蒙サイトによると、発達障害と呼ばれるものには自閉症、アスペルガー症候群、注意欠如・多動性障害（ADHD）、学習障害、チック障害などが含まれ、一人の人がこのうちの複数の特徴を兼ねることも多いが個人差が大きく、成長とともに症状は変化し、多様化するものだという。

早い子は一歳頃で人の目を見ることが少ない、指さしをしない、ほかの子供に関心がない、などの発達障害の可能性を示す兆候が見られるとされるが、実際に判定できるようになるのは多くは学齢期からだという。つまり、二歳ごろまでに発達障害であるとの診断をくだすというのは実際には困難で不確定なのである。

ということは子供たちを二歳までに発達障害と決めつけ、その子が成長した後に症状が見られなかった（実際には発達障害ではなかった）例を集めれば、発達障害が「治った」というデータが揃うことになる。

このような主張には別の問題点もある。それは「発達障害は治る」という信念を持つ人物が、実際に発達障害を抱えた子供を「治った」と判断することで適切な対処を受けられないまま放置される危険性である。

†「伝統的子育て」という思い込み

さて、『発達障害を予防する子どもの育て方』で推奨されている「伝統的子育て」とは何か。この書籍の全八章から、小見出しで具体的な提言をしているものを拾ってみよう。

「第6章　発達障害の効果的な治療方法からの予防研究」

子どもを笑わせるように接してください／テレビ・ビデオは見せない・聞かせない／子どもと接触する人の数を増やしましょう

「第7章　この実践がわが子を発達障害から守ります」

2歳まではテレビ・ビデオ・DVDを見せない生活をしましょう／テレビ視聴は1歳半〜2歳以上からにしましょう／音楽や音の出るおもちゃは避けましょう／目を合わせて、話しかけたり、あやしたりしましょう／添い寝をして話しかけましょう／子守唄はお父さん・お母さんの声で／抱っことおんぶの両方を上手に使い分けましょう／ベビーカーは対面式のものにしましょう／お父さんの育児参加時間を増やしましょう／大げさにほめましょう／言葉をいわせようとしないこと。言葉がけを多くしてください

「第8章　経験不足による学習不適応（学習障害）を予防しましょう」
幼児期に知性を育てる「遊び体験」をしましょう

こうして並べてみると、これのどこが「伝統」なのかわからない。父親の育児参加を求めたり、「ほめて伸ばす」ことを奨励したりしているあたり「各家庭で普通に行われていたもの」の回帰というより、むしろ開明的な印象さえ受ける。

一見、これらの提唱は金子がいうように難しいものではないようである。しかし、実際に行おうとするといくつもの困難がある。たとえば「子どもと接触する人の数を増やしましょう」（第6章）の具体的内容は、両親だけでなく祖父母にも積極的に育児に関わってもらうというものだ。孫に会いたい祖父母にとっては耳に心地よいだろうが、都市化による核家族化で、それができない家庭のほうが多い。

これらの提言の中で昔、「普通に行われていた」ものといえば、テレビなどの映像に触れさせない、くらいのものであろう。たしかに歴史を遡れば、一般家庭にテレビ映像がない時代までは、すぐに到達できるだろうからである。

子供がテレビを見すぎるとバカになる、というのは家庭用テレビの普及とともに広まった考え方である。一九七六年に小児カウンセラーの岩佐京子が著した『テレビに子守りをさせないで――ことばのおそい子を考える』（水曜社）は、二歳までの乳幼児をテレビや音が出るおもちゃなどで子守りをしたことが自閉症の原因になると説いた。「伝統的子育て」なるものは、この四〇年も前の岩佐の説を引き継いでいるわけである。

発達障害など神経の病気が専門の小児科医の団体・日本小児神経学会は二〇〇四年七月一七日、「言葉の遅れや自閉症が、テレビやビデオ視聴のせいだとする十分な科学的根拠はない」という提言を発表した。この提言をまとめた東京女子医大教授（当時）の小西行郎は、『朝日新聞』の取材に対し「因果関係は不明なのに『テレビを見せたせいで自閉症になったのでは』と悩む親が多い。脳神経の専門家集団として、あえて発言した」とコメントした（『朝日新聞』二〇〇四年七月一八日付朝刊）。

このような提言が出されたのも、岩佐の説の影響が根強く、小児科医や教育関係者にもそれを信じる人が大勢いたからである。現に『テレビに子守りをさせないで』は二〇〇三年にも新装版が出るロングセラーとなっていた。また、この日本小児神経学会の発表自体、この時期に小児科医の団体から幼児の長時間テレビ視聴について不安視する提言が出されていたことへの返答の意味があった。

つまりは「伝統的子育て」なるものは事実誤認と、科学的根拠のない思い込みの産物であった。もともと思い込みの産物にすぎない親学に、この伝統的子育てが組み込まれたところで、その根拠が強化されることは一切ないのである。

†障害学に逆行する親学

とはいえ、発達障害が生まれつきのものであって予防や治療ができないと認めたくない人は数多い。だからこそ親学は国政に影響を与えるまでの支持を得ているわけである。

しかし、家族の愛情や、適切な育て方で発達障害の予防や治療ができるというのは、裏返せば、〝発達障害を発症した家庭〟は家族間の愛情が足りない、子供の育て方を誤った、という考え方でもある。

実際には発達障害そのものが生まれつきのものである以上、これは家族に発症原因の冤罪を押し付ける議論でもある。

親学および「伝統的子育て」の支持者に、発達障害の子を持つ親が多くいるのもまた事実である。そもそも、文教族議員として親学普及の政策を進めてきた下村博文自身、長男が小学生の時に発達障害と診断されたことを公表している。下村の長男は小学校六年生の時にイギリスに留学してから日常生活に支障をきたすようなことがなくなり、学業に励んでいるという。

下村のこの経験は、結果として発達障害は防げる、治せるという信念を強化する方向に働いたようである。

立命館大学政策科学部助教の牧田義也は、アメリカで身体や精神の障害を根拠とする差別を禁じた連邦法「障害をもつアメリカ人法」(Americans with Disabilities Act of 1990)が一九九〇年に成立したのと並行して、英米圏で障害学という新しい研究分野が形成されたことを指摘する。

障害学の学問的基礎は心身器官・機能の欠損とそれによって生じる社会生活上の不利益・活動制約を概念的に分離するものだという。

これによって障害学は、障害を個人の身体内部に存する治療対象部位として考える「医療モデル」に基づく従来の障害理解から、身体的・精神的欠損をもつ個人が直面する社会障壁として障害を捉える「社会モデル」へと分析の視座を転換させた。障害学はこのような「社会モデル」に依拠することで、真に「治療」すべき障害とは心身の欠損自体ではなく、欠損を抱える個人が生き難いような社会のあり方であると主張した。そして、障害者の権利を求める社会運動や制度設計を理論面で支えてきた。

こうした障害学の成果を踏まえた上で、医療的介入を要する心身の欠損として障害を理解する旧来の「医療モデル」自体が、歴史的に形成された障害観であったことには注意が必要だろう。

（牧田義也「知的障害をめぐる思想の国際連関」歴史科学協議会編『知っておきたい歴史の新常識』勉誠出版、二〇一七）

高橋史朗がアメリカで研究員を務めた時期は一九八一年から八二年、まだ障害学の考え方が認知される前のことである。親学が発達障害についていまだに「医療モデル」にとらわれた認識でいるのも仕方ないかもしれない。

また、下村の長男が留学したのは今世紀に入ってからであり、すでにイギリスの教育現場でも障害学の考え方が広まってからのことである。下村の長男が現在、その生活に発達障害による不自由がないのは、発達障害が治ったからではなく、その障害を容認する社会に身を置いているからとみなすのが妥当だろう。

障害学が示した「医療モデル」から「社会モデル」への転換という理論を踏まえるなら、発達障害を抱えた人への支援として政府がなすべきは親学の普及などではなく、発達障害の人も困らない方向への各種制度見直しであることは自明である。

†支えはノスタルジー

親学の普及とともに各地の自治体などで進められた動きに「家庭教育支援条例」制定がある。先に述べた親学推進議連の『毎日新聞』記事でも、大阪市で提出された条例案が白紙撤回されたことに言及しているが、熊本県・鹿児島県・静岡県・岐阜県・徳島県・宮崎県・群馬県・茨城県・加賀市・千曲市・和歌山市・南九州市・豊橋市など多くの自治体で、同様の条例が制定されている。

その皮切りとなった熊本県の「くまもと家庭教育支援条例」（二〇一二年一二月二五日公布、二〇一三年四月一日施行、二〇一五年四月一日改正）をとりあげてみよう。

この条例は「前文」「第一章（総則）」「第二章（家庭教育を支援するための施策）」「附則」からなる。その「前文」には条例制定者の「ある歴史観」がみえる。

家庭は、教育の原点であり、全ての教育の出発点である。基本的な生活習慣、豊かな情操、他人に対する思いやりや善悪の判断などの基本的な倫理観、自立心や自制心などは、愛情による絆で結ばれた家族との触れ合いを通じて、家庭で育まれるものである。私たちが住む熊本では、子どもは地域の宝として、それぞれの家庭はもちろんのこと、子どもを取り巻く地域社会その他県民みなで子どもの育ちを支えてきた。

しかしながら、少子化や核家族化の進行、地域のつながりの希薄化など、社会が変化している中、過保護、過干渉、放任など家庭の教育力の低下が指摘されている。また、育児の不安や児童虐待などが問題になるとともに、いじめや子どもたちの自尊心の低さが課題となっている。

これまでも、教育における家庭の果たす役割と責任についての啓発など、家庭教育を支援するための様々な取組が行われてきているが、今こそ、その取組を更に進めていくことが求められている。

こうした取組により、各家庭が改めて家庭教育に対する責任を自覚し、その役割を認識するとともに、家庭を取り巻く学校等、地域、事業者、行政その他県民みなで家庭教育を支えていくことが必要である。

ここに、子どもたちの健やかな成長に喜びを実感できる熊本の実現を目指して、この条例を制定する。

ここで語られるのは、ノスタルジーに支えられた歴史観である。かつて子供たちは家族の愛情によって倫理観を与えられ、それを地域社会も支えてきた、しかし社会の変化によって家庭や地域社会の機能が衰えてきた、現在の子供たちをめぐる諸問題は、それによって新たに生じたものである、だから、社会をかつての姿に戻すために学校や行政も協力しなければならない、というものである。

しかし、児童虐待やいじめは最近始まった問題ではない。むしろ今では、それが問題とみなされているだけでも改善されたとさえいえるだろう。この「前文」の作者（ひいては条例案の作成者）の歴史観は過去の美化によって支えられている。

†家庭教育支援条例にみえる「親学」

くまもと家庭教育支援条例で具体的な施策を提示するのは第2章である。その第12、13条にはこうある。

第2章　家庭教育を支援するための施策

（親としての学びを支援する学習機会の提供）

第12条　県は、親としての学び（保護者が、子どもの発達段階に応じて大切にしたい家庭教育の内容、子育ての知識その他親として成長するために必要なことを学ぶことをいう。次項において同じ。）を支援する学習の方法の開発及びその普及を図るものとする。

2　県は、親としての学びを支援する講座の開設その他の保護者の学習の機会の提供を図るものとする。

（親になるための学びの推進）

第13条　県は、親になるための学び（子どもが、家庭の役割、子育ての意義その他の将来親になることについて学ぶことをいう。次項において同じ。）を支援する学習の方法の開発及びその普及を図るものとする。

2　県は、学校等が子どもの発達段階に応じた親になるための学びの機会を提供することを支援するものとする。

「親としての学び」（第12条）、「親になるための学び」（第13条）とは、つまり親学である。くまもと家庭教育支援条例の条文は、この条令が、県を親学普及のための機関にするためのものであることを隠そうともしていない。

†家庭教育支援の先にあるもの

同様の条例案は大阪市でも提出された後に白紙撤回となったが、提案したのは大阪維新の会の市議団であった。また二〇一二年の親学推進議連発足時には、民主党政権時の元首相である鳩山由紀夫も顧問として名を連ねていた。それらの事例からうかがえるように、親学支持の動きは超党派である。しかし、その普及にもっとも熱心な政党が自民党であるのもまた確かである。

二〇一二年末以降、多くの自治体でぞくぞくと家庭教育支援条例が公布されたということと、二〇一二年一二月の自民・公明連立政権成立とは無関係ではないだろう。

さらに自民党では、各自治体での家庭教育支援条例を発展させ、国レベルで展開しようとする家庭教育支援法の制定をも目指している。家庭教育支援法案の素案はすでに二〇一六年（平成二八）秋につくられ、その後も国会提出に向けての改稿が重ねられている。素

表5　家庭教育支援法案（仮称）未定稿より抜粋

［平成28年10月20日］ （基本理念） 第二条　家庭教育は、父母その他の保護者の第一義的責任において、父母その他の保護者が子に生活のために必要な習慣を身に付けさせるとともに、自立心を育成し、心身の調和のとれた発達を図るよう努めることにより、行われるものとする。 2　家庭教育支援は、家庭教育の自主性を尊重しつつ、社会の基礎的な集団である家族が共同生活を営む場である家庭において、父母その他の保護者が子に社会との関わりを自覚させ、子の人格形成の基礎を培い、子に国家及び社会の形成者として必要な資質が備わるようにすることができるよう環境の整備を図ることを旨として行われなければならない。 3　家庭教育支援は、家庭教育を通じて、父母その他の保護者が子育ての意義についての理解を深め、かつ、子育てに伴う喜びを実感できるように配慮して行われなければならない。 4　家庭教育支援は、国、地方公共団体、学校、保育所、地域住民、事業者その他の関係者の連携の下に、社会全体における取組として行われなければならない。 （学校又は保育所の設置者の責務） 第五条　学校又は保育所の設置者は、基本理念にのっとり、その設置する学校又は保育所が地域住民その他の関係者の家庭教育支援に関する活動の拠点としての役割を果たすようにするよう努めるとともに、国及び地方公共団体が実施する家庭教育支援に関する施策に協力するよう努めるものとする。

（地域住民等の責務）
第六条　地域住民等は、基本理念にのっとり、家庭教育支援の重要性に対する関心と理解を深めるとともに、国及び地方公共団体が実施する家庭教育支援に関する施策に協力するよう努めるものとする。

（学習機会の提供等）
第十一条　国及び地方公共団体は、父母その他の保護者に対する家庭教育に関する学習の機会の提供、家庭教育に関する相談体制の整備その他の家庭教育を支援するために必要な施策を講ずるよう努めるものとする。

案の一部を読んでみる（表5）。

まず、「社会の基礎的な集団である家族」「社会との関わりを自覚」「国家及び社会の形成者として必要な資質」「社会全体における取組」といった文章が目をひく。また、学校や保育所の設置者、地域住民は「国及び地方公共団体が実施する家庭教育支援に関する施策に協力する」ことが責務とされる。

そして家庭教育支援のための〝親への教育〟が謳われているのも特徴だろう（「父母その他の保護者が子育ての意義についての理解を深め」「国及び地方公共団体は、父母その他の保護者に対する家庭教育に関する学習の機会の提供、家庭教育に関する相談体制の整備その他の家庭教育を支援する」）。

ちなみに、親学推進協会は、親学アドバイザーという資格を推進している。同協会のウェブ・サイトには、職員がその資格を取得した保育園（所）・幼稚園として、全国の一二三三園が列記されている（二〇一八年二月末現在）。

†偽史・疑似科学で教育と家庭を支配

二〇一七年二月一四日付『朝日新聞』夕刊は「家庭教育支援　住民に「役割」／自民法案「介入」批判され文言修正」という記事を掲載した。

自民党が今国会で提出をめざす「家庭教育支援法案」の全容が明らかになった。国が家庭教育支援の基本方針を定め、地域住民に国や自治体の施策への協力を求めることなどが柱だ。

（中略）

こうした内容については、昨秋の素案の段階で、与党内や識者から「家庭教育に公が介入するものと受け取られかねない」といった批判が出ていた。このため、今回明らかになった法案では、地域住民が「国又《また》は地方公共団体が実施する家庭教育支援に関する施策に協力するよう努める」との規定についても、素案で地域住民の「責務」としていた文言を「役割」と言い換えた。また素案では、家族を「社会の基礎的な集団」と位置づけていたが、この部分も削除された。識者からは、自民党の憲法改正草案を想起させるとの指摘もあった。

一方で、素案にはあった「家庭教育の自主性を尊重」するとの文言は削除されており、法案が成立した場合、基本方針に「公」と家庭教育の関係がどう具体的に位置づけられるのかが問題になりそうだ。

自民党の中曽根弘文・青少年健全育成推進調査会長は14日、党部会で「核家族化、地域社会の希薄化などの問題が発生し、これほど重要な課題はない。教育基本法にも家庭教育について明示されている。ぜひ承認いただきたい」と述べた。（水沢健一）

この自民党の家庭教育支援法案に対して、自由法曹団が二〇一七年三月二八日付で「家庭教育支援法案の提出に反対する」という批判を公表した。四つの点からなされた批判を要約しよう。

第一に、家庭教育支援法の背景としての親学。根拠もなく非科学的なものを「伝統的子育て」と呼び、母親である女性に強制して家庭に縛り付ける、戦前の「家庭教育」への根深い回帰志向が存在している。

第二に、戦時家庭教育指導要綱と同様の国による家庭への介入。「家庭教育」という名の下に国が家庭に介入する仕組みをつくる結論ありきであること。国策のために「家庭教育」が利用された過去の過ちを繰り返すことになりかねない。

第三に、子供の思想・良心の自由、学習権及び成長発達権を侵害する危険が大きい。規範意識や「公共心」、愛国心といった一定の価値観を「望ましいもの」と設定して、無批判に押し付け、子供を「支配」することを可能にする。

第四に、憲法二四条を否定するものである。この法案は国が想定する理想的家族像を前提に、子供に「必要な習慣」を身に付けさせることを保護者に担わせる。保護者に一方的な役割と価値観を押し付け、男女平等や個人の尊厳を否定する価値観が示されている。

自由法曹団による批判には、子供に対し「支援」の名を借りた支配を行なうためのものであるという指摘もみられる。

親学という誤った説が一国の教育行政を動かしているという状況は、早急に見直される必要がある。薄弱な根拠で医学的常識を否定するという点では疑似科学であり、歴史的根拠として現代人の創作である「江戸しぐさ」や「伝統的子育て」を採用するという点では偽史である。

そんな偽物を根拠にする親学を政治的に利用して、学校教育や家族のあり方を規定しようとすることは、国にとっても国民にとっても有害としかいいようがない。

第四章

親学の人脈

†TOSS

「江戸しぐさ」と「親学」の教育現場での普及に関して、もっとも影響力がある団体はTOSSである。TOSSとはTeacher's Organization of Skill Sharing（教育技術法則化運動）の略で、元公立小学校教員の向山洋一を代表とする教育研究サークルである。小中学校を中心に一万人以上の教員が参加しているという。TOSSは自民党の政治家たちとの間に太いパイプがあり、その全国集会には、安倍晋三や下村博文らをはじめとする有力議員から、毎回応援のメッセージが送られる。

向山は親学推進議員連盟の顧問であり、その設立総会にも参加していた。つまり向山はTOSSを通し、政府の教育政策と連携して親学を教育現場に普及する急先鋒となっているわけである。

TOSSのウェブ・サイトには「親守詩・親学」という表題を掲げた項目があり、そこでは次のように記されている。

TOSSは、日本の「家庭教育」をより良いものにしていくために、「日本の伝統的な子育て」を見直したり、親子の絆を再確認する「親守詩（おやもりうた）」の普及に取り組んでいます。

特に、子が親に向かって五・七・五を詠み、親が返事として七・七を詠む、親子合作の「親守詩」は、全国各地で取り組まれ、感動を呼んでいます。

（中略）

日本の伝統的な子育てを再度見直し、その子育て方法を学ぶシステムが、今、求められています。それがＴＯＳＳの取り組む「親学（おやがく）」です。

（中略）

ＴＯＳＳは、戦後失われた家庭教育を取り戻すため、さまざまな活動を行ってきました。

そのうちの一つが、親子で作る「親守詩（おやもりうた）」です。

子どもが親に向けての想いを、５・７・５のリズムに合わせて詠みます。そして親が子に対する返事を、７・７のリズムに合わせて詠みます。親子の合作でできるのがＴＯＳＳが取り組む親守詩です。

TOSSは会員教師のためにさまざまな授業例や授業技術を提供している。その中には、EM(有用微生物と称するものの登録商標、水質浄化に役立つと言われているが主唱者以外の機関による実験では否定的な結果ばかりがでている)、縄文人南米渡航説、酒井式描画指導法、ゲーム脳、脳内革命、1/2成人式、人間ピラミッド組体操、そして「江戸しぐさ」など、科学的根拠がすでに否定されていたり、子供たちに悪影響を残す可能性が指摘されていたりするものがいくつも含まれている。

TOSSは、かつては道徳教材として江本勝の『水からの伝言』を奨励していたこともある。これは水に言葉をかけて凍らせると、よい言葉なら美しい結晶に、汚い言葉なら崩れた結晶ができるというもので、科学の形式を装ったデタラメな主張なのだが、言葉が綺麗か汚いかの判断を客観的にできるというイメージのために一時は教育現場で流行した。『水からの伝言』に対しては科学者の間からの批判もあり、現在ではTOSSも奨励を止めているが、いまだに信奉者は絶えない。

TOSSでは個性を伸ばし、子供たちが自発的に考える授業を行なうという方針を掲げている。しかし、実際の授業例を見ると、教師が課題を与えて考えるように告げた後、児童・生徒の意見を聞いてから新たな情報を与えることをくりかえして、教師が用意した結果に都合よく導くという手法が用いられている。

これはSF商法（催眠商法）やマルチ商法の勧誘において、相手に、自分で考え、自分の意志で商品を購入した、と思わせるよう誘導するのと同様の手口である。そのような授業に慣れ親しませるということは、私には、子供たちに自分で考える力をつけるどころか、子供たちを騙されやすい性格に育成しているとしか見えない。

かつて八六・三％（一九五八年調査）もの組織率を誇った日本教職員組合（日教組）は年々その組織率が低下し、二〇一七年の文部科学省調査では二二・六％（約二四万人）まで下がってしまった。日教組の方針については毀誉褒貶あるが、文部科学省や教育委員会に対する批判勢力としての役割とともに、教研集会という教育問題別・教科別の教育研究が行なわれてきた。その日教組の低調を埋めるように、政権と関係の深い団体が、教育技術の指導という形で、教育現場での勢力を伸ばしているわけである。

†日本会議

草の根での親学普及に貢献している団体として筆頭に挙げられるのは日本会議である。日本会議はここ数年の間に急速に取りざたされるようになったが、それまでメディアで話題になっていなかった分、実態が把握しづらく、政権を牛耳る巨大組織といった陰謀論的な虚像も生じている感がある。

日本会議は一九九七年、それ以前からあった「日本を守る国民会議」と「日本を守る会」という二団体が統合された運動である。そのウェブ・サイトの「日本会議がめざすもの」という項目から、教育に関する部分を抜き出してみよう。

4日本の感性をはぐくむ教育の想像を

いじめや自殺、非行の増加や援助交際といわれる性道徳の乱れなど、いま学校教育は崩壊の危機に直面しています。また家庭秩序の混乱や物欲主義の社会風潮、低俗な風俗の流行など、青少年をとりまくこれらの精神的、物理的な社会環境の悪化は、教育荒廃を助長する大きな原因ともなっています。健全な教育環境の創造は、私たち一人ひとりの務めでもあるのです。

特に行きすぎた権利偏重の教育、わが国の歴史を悪しざまに断罪する自虐的な歴史教育、ジェンダーフリー教育の横行は、次代をになう子供達のみずみずしい感性をマヒさせ、国への誇りや責任感を奪っています。

かつて日本人には、自然を慈しみ、思いやりに富み、公共につくす意欲にあふれ、正義を尊び、勇気を重んじ、全体のために自制心や調和の心を働かせることのできるすばらしい徳性があると指摘されてきました。

長年の国民運動の甲斐もあって、平成11年には国旗国歌法が制定され、平成18年12月には59年ぶりに教育基本法が全面改正され愛国心や道徳心、公共心を大切にする教育目標が明記されました。

教育は国家百年の計といわれます。私たちは、誇りあるわが国の歴史、伝統、文化を伝える歴史教育の創造と、みずみずしい日本的徳性を取りもどす感性教育の創造とを通じて、国を愛し、公共につくす精神の育成をめざし、広く青少年教育や社会教育運動に取りくみます。

「学校教育は崩壊の危機に直面」しており、「行きすぎた権利偏重」や「わが国の歴史を悪しざまに断罪する自虐的な歴史教育、ジェンダーフリー教育の横行」に危機感を抱いていると書かれている。そのため日本の伝統に基づき、教育基本法に明記された「愛国心や道徳心、公共心を大切にする教育」という目標へ向けて、「公共につくす精神の育成をめざし、広く青少年教育や社会教育運動」に取り組んでいることがわかる。同サイトには、「皇室を中心に、同じ歴史、文化、伝統を共有しているという歴史認識こそが」同胞感を育み、「日本人自らの手で誇りある新憲法を創造したい、これが私たちの願いです」ともあり、皇室中心の国家にするために、憲法改正と教育の見直しを求める団体であるといえよう。

　二〇一八年三月時点で日本会議役員名簿に公開されている顔ぶれは、学者から大手企業経営者まで幅広い（表6）。

　神社本庁をはじめとする神社関係、新生佛教教団、念法眞教《ねんぽうしんきょう》、崇教真光《すうきょうまひかり》、解《げ》脱会《だつかい》、比叡山延暦寺、佛所護《ぶつしょご》念会《ねんかい》教団、オイスカ（三五教《あなないきょう》）、モラロジー研究所、倫理研究所など教義の異なる教団・倫理系団体の重要人物がその名を連ねているのが目立つ。

　これは一見、日本会議の勢力の大きさをしめすかのようだが、裏を返せば、教義が異な

表6　日本会議の役員

[名誉会長]
三好達　元最高裁判所長官
[顧問]
石井公一郎　ブリヂストンサイクル㈱元社長
北白川道久　神社本庁統理
小松揮世久　神宮大宮司
[会長]
田久保忠衛　杏林大学名誉教授
[副会長]
小堀桂一郎　東京大学名誉教授
田中恆清　神社本庁総長
[代表委員]
秋本協徳　新生佛教教団最高顧問
石原慎太郎　作家
板垣正　元参議院議員
伊藤憲一　青山学院大学名誉教授
稲山霊芳　念法眞教燈主
今林賢郁　㈳国民文化研究会理事長
入江隆則　明治大学名誉教授
打田文博　神道政治連盟会長
大石泰彦　東京大学名誉教授
岡田光央　崇教真光教え主
岡野聖法　解脱会法主
小串和夫　熱田神宮宮司
尾辻秀久　日本遺族会会長
小野貴嗣　東京都神社庁庁長
加瀬英明　外交評論家
城内康光　元ギリシャ大使
慶野義雄　日本教師会会長
小堀光實　比叡山延暦寺代表役員
佐藤和男　青山学院大学名誉教授
澁木正幸　日本会議経済人同志会会長
志摩淑子　㈱朝日写真ニュース社会長
住母家岩夫　NPO法人持続型環境実践研究会会長
関口慶一　佛所護念会教団会長
千玄室　茶道裏千家前家元
髙城治延　神宮少宮司
竹本忠雄　筑波大学名誉教授
寺島泰三　㈳日本郷友連盟会長、英霊にこたえる会会長
德川康久　靖國神社宮司
冨澤暉　㈶偕行社理事長
中島精太郎　明治神宮宮司
中野良子　オイスカインターナショナル総裁
長谷川三千子　埼玉大学名誉教授
廣池幹堂　（公財）モラロジー研究所理事長
保積秀胤　大和教団教主
丸山敏秋　㈳倫理研究所理事長
[監事]
加瀬英明　外交評論家
澁木正幸　日本会議経済人同志会会長
[理事長]
網谷道弘　明治神宮崇敬会理事長
[事務総長]
椛島有三　日本協議会会長
[事務局長]
松村俊明　日本会議常任理事

る教団代表でも名義上は役員になれるということでもある。つまり、その事実は日本会議が厳格な規律で縛られた組織ではないことを示している。

憲法改正と教育の見直しは戦後日本の主権回復（一九五二年）以来、一貫して保守系政党が主張してきたことである。また、冷戦を背景に新宗教や既成宗教の一部は自民党の票田として機能していた。日本会議の主張や宗教界とのつながりは、自民党の集票システムとしてみれば別段おかしなものではない。

一九九一年のソ連崩壊とそれにともなう冷戦終結の結果、自民党と宗教界は共通かつ強大な仮想敵を失った。また、一九九四年の政権交代以降、自民党内で進められた派閥解消の動きや政界全体の再編によって保守系政治家の票田管理も見直さざるを得なくなった。

また、市民運動という形で選挙運動のサポートや票田の管理を行なうのは、革新系政党ではごく当たり前である。保守系政治家がそれにならってもおかしくはない。

日本会議とは、それまで各立候補者の力量や派閥によって管理されていた自民党系議員（旧民主党などの自民党出身者も含む）の集票システムを再編し、市民運動（日本会議では「国民運動」という用語を使っている）の形をとったものとみなしてよいだろう。

二〇一八年三月、森友学園国有地売却問題をめぐって、籠池泰典がすでに日本会議を退会していたにもかかわらず、日本会議大阪代表を詐称し（在籍時も日本会議大阪「運営委員」の一人）、それを財務省近畿財務局が価格設定において考慮していたことが発覚した。これは日本会議が省庁にとって、警戒すべき圧力団体であることを示す。

とはいえ、それだけでは日本会議が親学や「江戸しぐさ」の普及に力を入れる理由は説明できない。そこには別の要因を求める必要がある。

†「生長の家」系の右派社会運動家

ここで注目すべきは日本会議の設立以来、事務総長を務める椛島有三《かばしまゆうぞう》（一九四五〜）という人物である。椛島は右派社会運動家として日本会議設立以前からさまざまな団体の運営に関わってきた人物だが、その活動の起点となったのは「生長の家《せいちょうのいえ》」信者子弟からなる学生運動組織「生長の家学生会全国総連合」（生学連）への参加だった。ちなみに同団体の委員長は後に親学の中心人物となる高橋史朗であった。六〇年代の椛島は当時、学生運動の主流だった左翼に対抗して右翼の立場からの活動を展開していたわけである（菅野完『日本会議の研究』扶桑社、二〇一六。俵義文『日本会議の全貌』花伝社、二〇一六）。

「生長の家」は谷口雅春（一八九三〜一九八五）が創始した新興宗教である。谷口は大本《おおもと》

（出口なおにより創設された教団）の幹部だったが、谷口も関与した大正維新運動がきっかけで生じた大本弾圧（一九二一年、第一次大本事件）を機に教団を離れ、心霊学や光明思想（ニューソート、いわゆる自己啓発の起源）を学んだ後、昭和初期に「物質はない。実相がある」という啓示を得て、自ら発行する『生長の家』誌でその思想を広め始めた。

谷口の思想では、現象界の本質は物質ではなく精神的な実相だから、信仰によって実相に働きかければ、人は病気や貧困のような物質的な苦難から解放されるという。

谷口はまた神と各宗教の教祖の関係を電波とラジオにたとえた。生命の実相たる神は電波のように宇宙に偏在しており、釈迦やキリストのような教祖はラジオが電波を受信するように神の意志をとらえていた。しかし、同じ内容を受信してもラジオごとに雑音が入るのと同様、同じ神からの受信でもことなる教義の宗教ができてしまったという。

この考え方に基づき、谷口は、すべての宗教は同じ神から出たものであることを知ることで、すべての教団が教義の違いを越えてわかりあえるという万教帰一《ばんきようきいつ》の教えを説いた。谷口はこの考えから自分自身については教祖・教主と呼ばれるのを嫌い、教団内の立場については総裁という肩書を用いていた。

谷口は一方で、実相を体現している存在こそ天皇であり、すべての宗教は皇室に帰すべきだという熱烈な天皇崇拝者でもあった。

一九二〇年代当時は、物質の基礎単位としての素粒子は粒子と波動の双方の性質を持つという量子力学や、物質の質量とエネルギーが置き換え可能であることを示す特殊相対性理論の検証が進んでいた時期でもあった。一九二二年にはアインシュタインの来日公演がふだん科学に関心がなかった人々をも巻き込んで盛況となる騒ぎもあった。谷口もそうした当時の最新科学の話題から物質という概念の否定というアイデアを得たわけである。ただし、量子力学も特殊相対性理論も、物質の新たな性質を明らかにしただけで物質そのものを否定するものではないが、谷口からすればマルクス主義に対抗するために、その哲学的基礎である唯物論を論破する（あるいは論破したとみせかける）必要にかられていたのだろう。

第二次大戦後、生長の家は刊行物をＧＨＱから禁書扱いされながらも、教義がキリスト教と矛盾しないことを強調することで解散を免れ、日本政府の主権回復とともに大日本帝国憲法の復活と天皇元首化を目標とする政治活動に邁進した。

一九七四年、谷口は神社界、仏教界の名士たちと共に、「日本を守る会」を結成。この団体が後に日本会議の前身の一つとなったことは先述の通りである。

また、生長の家は一九七八年発足の元号法制化実現国民会議にも関与していたが、この団体は一九七九年の元号法成立実現を受け、一九八一年に「日本を守る国民会議」と改称した。この団体もやはり日本会議の前身である。そして椛島は「日本を守る会」「日本を守る国民会議」双方の事務局で兼任していた。

また、谷口は戦後教育に批判的で教育勅語の復興を唱えており、その主張も彼が関与する政治運動の課題となった。

†宗教的信念の体現

ところが一九八〇年代に入るころから「生長の家」教団本部は次第に政治活動から距離を置き始めた。一九八五年、谷口雅春の逝去と共に、生長の家は「日本を守る国民会議」から撤退。その後の同教団は平和運動や環境保護運動に力を入れている。

しかし椛島や高橋は教団本部と袂を分かち「日本を守る会」「日本を守る国民会議」での政治活動を続けていた。この両団体が合併する上での実務が円滑に進んだのも、事務局の人脈が重なっていたからである。結果として日本会議は「生長の家」系人脈が事務局を運営する形で成立した。

「生長の家」は万教帰一の教義を持つために、利害が一致する他の教団との協調や、思想的に共通点がある他の団体への加入戦術（他団体に会員を送り込み最終的に乗っ取る手法）が行ないやすい強みがある。

第六章で後述する「原住民としての縄文人再発見」との関連で言及する空飛ぶ円盤信奉団体CBA（宇宙友好協会）についても、一九五七年に設立された時の代表は『生長の家』編集者の小川定時であり、一九六〇年から六一年にかけて起きた同団体の内紛では小川ら「生長の家」系の人脈と、宇宙人から直接メッセージを受け取ったと主張する人物（とその支持者）との内部抗争という形で展開したくらいである。

日本会議は生長の家の政治活動と、その前史から大きく関わっていた。「生長の家」教団本部は現在、政治から距離を置き、前総裁時代からの政治活動に熱心な者を教団から締め出しているわけだが、彼らは教団の統制を離れた分、いわば「生長の家」原理主義のように、その活動に邁進する傾向を持っている。

さて、親学では、親の心掛けによって子供の遺伝子のスイッチを入れ、発達障害を防ぐことができると説くわけだが、この考え方は人の意識が現象界に影響を及ぼすという「生長の家」と親和性がある。また、親学の根拠を「伝統的子育て」への回帰に求める復古的要素も、谷口による大日本帝国憲法や教育勅語への回帰という主張と通じるものがある。もっとも親学で伝統として持ち出される「江戸しぐさ」は本来、大日本帝国憲法や教育勅語を生んだ明治政府に批判的な思想をはらんでいたわけだが、親学主唱者たちはそのような些細なことを気にしなかったわけである。

日本会議の運営に「生長の家」系統の人脈が大きく関わっているとしても、他の教団を抱え込んだ組織である以上、教義を前面に出すわけにはいかない。特定の宗教教義を主張することは、政治や教育に介入する上でも反発を招く可能性がある。また、彼らが教団本部と対立している以上、なおさら「生長の家」色を帯びた活動もできない。

そこで彼らの宗教的信念を宗教とはわからない形で表現したものが親学であり、その歴史的根拠として再編されたのがねじまげられた形での「江戸しぐさ」だった。こう考えると、日本会議が親学や「江戸しぐさ」の普及に熱心なのもうなずけるわけである。

†文部科学省の迷妄

教育現場でのＴＯＳＳの浸透や日本会議の草の根運動の影響力以上に深刻な問題は、現在、親学と「江戸しぐさ」普及団体として機能している最大のものが教育行政の主体、ほかならぬ文部科学省だということである。

文部科学省内の生涯学習政策局男女共同参画学習課は、同省ウェブ・サイトで「家庭の教育力の向上」という目標を掲げ、次のように宣言している。

家庭は、子供たちの健やかな育ちの基盤であり、家庭教育は、すべての教育の出発点です。

一方、地域とのつながりの希薄化や、親が身近な人から子育てを学んだり助け合う機会の減少など、子育てや家庭教育を支える地域環境が大きく変化しています。

そこで、文部科学省では、すべての親が安心して子育てや家庭教育を行うことができるよう、様々な取組を行っております。

その具体的施策の一つに、地域ごとに子育て経験者や民生委員からなる「家庭教育支援チーム」をつくり、保護者を応援させるというものがある。また、それらのチームによる子育て講座も各地で開催されている。それらが結局、親学の宣伝の場としても機能しているのである。

また、文部科学省が制作した教材『私たちの道徳』に今も「江戸しぐさ」が掲載されているのは第一章で述べたとおりである。この教材については個々の家庭の事情を無視した画一的な家族主義が導入されているとの批判があり、その点でも親学に通じるものがある（子どもと教科書全国ネット21『道徳の教科化でゆがめられる子どもたち』合同出版、二〇一四。半沢英一『こんな道徳教育では国際社会から孤立するだけ』合同出版、二〇一七）。

冷戦終結期以降の日本の教育行政において、グローバルな国際競争への対応と、ナショナリズムの導入は政権交代を挟んでもほぼ一貫した方針でなされてきたことについては辻田真佐憲の指摘がある（『文部省の研究――「理想の日本人像」を求めた百五十年』文春新書、二〇一七）。

文部科学省はその方針の遂行機関であり続けてきた。教育現場での「親学」と「江戸しぐさ」の導入が民主党政権時代も止まらなかったのは、それらがこの一貫した方針に応える（もしくは応えたかのようにとりつくろう）ために便利なものだったからだろう。「科学」をつかさどる省庁としてはお粗末な話である。

†前文科省事務次官の親学批判

すでに述べたが『私たちの道徳』の内容に関する責任者ともいうべき作成当時の文部科学省初等中等教育局局長は、文部科学省事務次官だった前川喜平であった。前川は二〇一七年に発覚した文部科学省の組織的天下り斡旋の責任者の一人として辞任した（辞任後に停職相当の懲戒処分）。

その後、前川はネットのニュースサイト「リテラ」で、親学について次のように批判している。

親学というのは、子どもに問題があるのは「親がしっかりしてないからいけない」という考え方です。しかし、いくら「しっかりしたい」「がんばりたい」と思っていても、余裕のない親はたくさんいる。そういう問題を解決しないで「親がいけないんだ」と親の責任にして押し付ける。結局、それでは貧困や母子家庭であえぐ子どもたちを救うことにならない。〝親がしっかりすればいい〟なんて論理は、つまり〝社会的なケアなど必要ない〟と言うのと同じです。しかも親学は、「家族が大事なんだ」という考え方でもある。私は個人主義だから個人が社会の単位だと思っていますが、しかし親学は〝家族が社会の単位〟という考え方です。個人であることよりも家族の一員、一族の一員であることが大事だという。この家族主義的考え方は、じつは、戦前の国体思想でもある。戦前の教育勅語で示されている考え方です。そして、そのベースには家父長制の家制度があった。そこでは親孝行こそ最大の美徳になる。家族なんだからという理屈ですべてを吸収してしまう。そして日本国は、大きな一つの家族だ。その本家の本家の総本家が天皇家で、辿れば天照大御神。すべての国民は天照大御神の子孫であり、天皇家の分家の分家の分家だ、みたいなね。こうして「孝」と「忠」が一本につながる。こういう家族国家観に基づく教育が安倍さんが進めたい道徳教育なんだろうと思います。

（「前川喜平・前文科次官が安倍政権の愛国教育、親学を痛烈批判！　室井佑月に立候補を薦められた前川氏の答えは…」『リテラ』二〇一七年九月二四日付）

このくだりは親学と、その背景にある「生長の家」原理主義への批判として妥当であろう。しかし、その思想の産物である『私たちの道徳』について、前川自身が関与したことへの反省は、本書執筆時点で公表されていない。

第五章

「江戸しぐさ」「親学」を貫く陰謀論

†恐怖の「江戸っ子狩り」

「江戸しぐさ」なるものが江戸時代に実在したと仮定して、どうしても避けて通れない疑問がある。それは江戸時代には広く知られていたはずの「江戸しぐさ」がなぜ何の記録にも残らず、一九七〇年代まではただ一人の伝承者の記憶のみに残っていたかということである。

その答えとして提示されたのが「江戸っ子狩り」である。

明治の政変により、新しく権力の座についた明治政府は旧来の陋習《ろうしゅう》として江戸のカラーを取り去ることに全力を注いだ。

そのため江戸の町衆の多くは親類や知人を頼って、江戸を離れ、地方に身をひそめた。世にこれを隠れ江戸っ子という。今なら江戸難民だ。勝海舟はこの時、講のネットワークにお触れを出し、船を使い、ピストン輸送で両国、武蔵、上総などに何万という人々を逃がしたそうである。

江戸の町は猫の子一匹いなくなるという状況で、小僧がひとり、店の留守番をしていたそうだ。

これらの江戸っ子を一部の官軍は目の色を変えて追い回したという。東京で「江戸しぐさ」が見られないのはそのためもある。

「隠れ江戸っ子狩り」は嵐のように吹き荒れた。摘発の目安は「江戸しぐさ」であり、ことに女、子供が狙われたという。私たちの目にはふれないが、ベトナムのソンミ村、インディアンのウーンデッドニーの殺戮《さつりく》にも匹敵するほどの血が流れたという。しかしそれらは、史実の記録はおろか、小説にすら書かれてないそうだ。

（越川禮子『江戸の繁盛しぐさ』）

後の越川の著書ではこの「隠れ江戸っ子狩り」は単に「江戸っ子狩り」とも書かれている。つまり越川の主張では、「江戸しぐさ」は明治政府の弾圧で失われ、さらにその弾圧さえも小説にさえ残らないほど徹底的に隠蔽されたということになる。

ウーンデッド・ニーはサウスダコタ州のスー族インディアン居留地で、一八九〇年、米軍による無差別虐殺が行なわれ、約三〇〇人もの犠牲者を出した場所である。先述のようにこの地が一九七〇年代のサンダンス復興の起点に選ばれたのはその歴史があればこそだった。

ソンミ村は一九六八年、無抵抗の村民五〇四人が殺害された南ベトナム（事件当時）の村落で、この虐殺の発覚はアメリカのベトナム反戦運動に拍車をかけたものである。このソンミ村をウーンデッド・ニーとともに引き合いに出すのは、アメリカ公民権運動に関心が深い越川らしい発想である。

第一章で述べたように、越川はアメリカの先住民文化の復興運動に影響を受けている。ネイティブアメリカンにあたるような存在を日本に求めて江戸っ子を見出した。その越川が、江戸っ子に対してもネイティブアメリカンが合衆国内で受けてきたような弾圧と苦難の物語を求めたのは必然だったかもしれない。

なお、現在までに商業出版されている芝の唯一の評伝は、みやわき心太郎（一九四三〜二〇一〇）によるマンガ「江戸しぐさ残すべし」（『ビッグコミックONE』二〇〇八年四月三日号）だが、その中では憲法改正を訴える安倍晋三前首相（刊行時は福田康夫首相）に対し、作中で黒子役となっているみやわきと監修者の越川が次のように非難するくだりがある。

みやわき「オヤ？　あんたまだ長州藩ナノ？」
越川「日本を戦争の出来る国にしないで！」

ここでは当時の安倍政権が明治政府の前身の一つ・長州藩と重ねあわされている。越川らは「江戸しぐさ」の由来譚としての「江戸っ子狩り」から第一次安倍政権への批判的視点を導き出したわけである。その「江戸しぐさ」が第二次安倍政権以降において、教育政策に利用されるというのは皮肉としか言いようがない。

†「江戸しぐさ」とGHQ

ところで初期の「江戸しぐさ」支持者は明治政府に批判的な一方でGHQに対しては好意的だった。越川が入門する前の芝は、このような文章を残している。

マッカーサー元帥の功績をし《ママ》顕彰し感謝の記念碑を建てましょう！
そう呼びかけられた〝江戸っ子Wさん〟の親類の方を探しています。昭和20〜1年ごろのことです。東京・日比谷のGHQ（連合軍総司令部）を表敬訪問されたWさん（当時）の言い分は、明治以来80年の長きにわたって、江戸（東京）を占領し続けた軍人どもを打ち破り見事に東京を解放して、江戸っ子に返してくれたマッカーサー閣下は、私どもにとっては永遠の恩人です。この大恩人に感謝し、再び弓を引く（戦争をする）ことのないように、子孫のために遺言を刻んだ顕彰碑を建たい《ママ》ということだったと思います。

Wさんの御親類か、ご存じの方がいらしたらご一報くださいませ。

（江戸の良さを見なおす会『今こそ江戸しぐさ第一歩』）

芝の没後に、越川が著した『商人道「江戸しぐさ」の知恵袋』一一九頁には、明治以来の「江戸しぐさ」禁止を憂えた芝が、GHQの女性将校に「江戸しぐさ」認可を請願したという話がある。芝の「江戸しぐさ」を見たニューヨーカーは帰国後に世界の流行の中心ともいうべき五番街でそれを実演し、米軍の機関誌でとりあげられたという。また、同書一六二頁には次のようにある。師とは芝のことである。

師は戦後、ＧＨＱ（連合国総司令部）でアルバイトをしていたことがあった。そのとき、こともあろうに、アメリカ軍の教育係のＧＩ（アメリカ兵の俗称）から「江戸の考え方」の素晴らしさを再認識させられたという。

（中略）

戦前、アメリカは江戸を徹底的に調査、分析、研究して知恵のエキスを集めていた。とくに「江戸しぐさ」の販売戦略、考え方、方法などをヒントにして、対日戦略を立て、結果はアメリカ（連合国軍）の大勝利に終わった。

この逸話と同じエピソードと思われる話が、ＮＰＯ法人江戸しぐさウェブ・サイト内での桐山の解説「江戸しぐさへの旅」（シリーズ江戸しぐさの誕生とその系譜〔上〕第3話）にもある。そこでは、芝は戦後、ＧＨＱの情報機関で雑誌・新聞などの検閲の仕事をしながら「江戸しぐさ」の占領政策への活用を女性将校に提言したということになっている。
また、越川禮子監修・桐山勝編著『江戸しぐさ事典』に収められた桐山の解説「人の上に立つ者の心得」では、芝が「江戸しぐさ」を伝えた上司はヘレン・ミアーズ（一九〇〇〜八九）だったと推定している。ミアーズは東洋史専攻の学者で終戦直後はＧＨＱの諮問機関に参加、帰国後に日本の帝国主義化の過程を分析した『アメリカの鏡・日本』(“Mirror for Americans: JAPAN”, 1948) を著した人物である。

もっともミアーズは民間人だから、NPO法人江戸しぐさウェブ・サイトでの「女性将校」に教えたという話とは食い違っていることになる。

桐山の主張では、芝がGHQに「江戸しぐさ」を教えたことになっているが、越川の説明では米軍は戦前から「江戸しぐさ」を研究しており、さらに芝もアメリカ兵に教えられて江戸の良さにめざめたことになっている。越川の『商人道「江戸しぐさ」の知恵袋』での説明では、芝が「江戸しぐさ」唯一の伝承者だったという主張と矛盾し、芝の方が米軍から「江戸しぐさ」を教えられたという解釈もなりたちかねないことに気づいた桐山が、内容を改変したのだろう。

なお、桐山の解説には次のようなくだりもある。

(GHQの検閲は) 言論の自由とは名ばかり。占領政策に対する批判をチェックするもので、マッカーサーGHQ最高司令官の占領政策を影で支えた。個人の手紙はむろん、新聞、雑誌、ラジオなどのマスコミもすべて検閲を受け、統制された。

したがって、この部署で働いた人々は世間をはばかって、自分が働いていたことを隠している人が多い。

（シリーズ江戸しぐさの誕生とその系譜〔上〕第2話「祖父は江戸講の講元」）

これは、芝がGHQの情報機関にいたという主張について、その証拠となる記録が一切ないことを取り繕うための記述だろう。だが実際には、芝がGHQの情報機関に勤務するというのはありえない話なのである。

†芝の年齢詐称

芝の生年については資料によって一九二二年説、一九二三年説、一九二八年説がある。

まず、流布している説は一九二二年説である。桐山が採用していたのも一九二二年説。この説に立つなら芝は二三歳で一九四五年の終戦を迎えたことになり、旧制高校を出て情報機関に採用されたとしてもおかしくはない。

一九二三年説については、『東京新聞』一九八五年五月二日付朝刊がある。芝が投稿した「『江戸しぐさ』効用あれこれ」という文が投書欄に掲載されているが、その署名は

「自由業　芝三光　六二」となっている。この年齢から逆算すると、当時の芝は一九二三年の生まれと称していたことになる。

しかし、和城伊勢が代表を務める「江戸の良さを見なおす会」「芝三光の江戸しぐさ振興会」のウェブ・サイトでは、芝の生年について一九二八年だと明記している。芝の没後、その幼少の頃からの遺品は現在、和城の管理下にある。その中には芝が小学生だった頃からの賞状や卒業証書もあり、それらはすべて芝が一九二八年生まれであることを示している。

また越川禮子も、芝の生前、すでに芝が自分より年下であることを聞いていたと証言する。

師の肝煎りで最初に上梓した著書には、師の生年月日は、一九二二年四月八日と記述されています。しかし後年、師が私より二つ年下であることが判明するに至りました。つまり生年は、正しくは一九二八年となります。

その真意は何であったのか。〔江戸しぐさ〕は年下の人に教え伝えるものであり、年上の人には、当然すでに身についているものとして教えることはならないという暗黙の了解があったそうです。つまり、自分より年上である私に〔江戸しぐさ〕を教えたことは、例外中の例外なのだと、師が後に打ち明けてくださったのです。〔江戸しぐさ〕の禁を破ることはならず、といっても私が年上であるというのは事実です。そこを解決するための、苦肉の策ではなかったでしょうか。（以下、略）

（越川禮子監修／新潟江戸しぐさ研究会構成・著／斉藤ひさおマンガ『マンガ版「江戸しぐさ」入門――イキで素直にカッコよく』三五館、二〇〇七）

私だってわからないことだらけでしたよ。だけど芝先生と年齢が近いこともあって、時代的な生活感覚が似てるんです。先生の方が四つ若かったですから、そういうことで割合、話しやすかったんじゃないでしょうか。

（越川禮子・林田明大『「江戸しぐさ」完全理解』）

越川は芝の晩年における入院手続きやその葬儀をとりしきっていた。その際には芝の個人情報に関する書類にも目を通していたはずである。つまり芝が自分の生年をごまかし続けていたとしても事実関係を確認する機会は幾度もあったと思われる。

和城と越川という生前の芝に関してもっともよく知る人物の証言が一致している、ということは芝が一九二八年生まれであることは確定したとみてよいだろう。

芝が年齢を多くサバを読んでいたのは、自分の年齢との関係と越川は推測したのだが、実際には越川入門以前から、芝は自分を実際より年長にいいたがる傾向があったとみなすべきだろう。

「江戸の良さを見なおす会」ホームページでの芝の履歴によれば彼は横浜高等工業学校(現横浜国立大学工学部)の学生として終戦を迎えたことになっている。芝が一九二八年生まれとすれば終戦時は一七歳である。GHQで働いたという桐山の主張は成り立ちようがない。上司がヘレン・ミアーズ云々というのも屋上屋を重ねる妄想にすぎない。

ただし私は、学生時代の芝はGHQと無関係ではなく米軍軍人のための施設でアルバイトをしていたものと考えている。くわしくは拙著『江戸しぐさの正体』を参照されたい。

†「江戸しぐさ」の右旋回

「江戸しぐさ」創始者ともいうべき芝はGHQに好意的で江戸っ子の恩人とみなしていたわけだが、今世紀に入ってから、「江戸しぐさ」支持者の間からもGHQの占領政策に批判的な声が上がるようになってきた。

たとえばNPO法人江戸しぐさ理事の伊達松風（本名・松浦孝康）は、越川との共著の中で、GHQの戦後処理政策の結果として「日本の教育は根底から変えられてしまった。それにより今日見られるような教育の混乱が、日本の津々浦々に見られるようになったといっても過言ではないだろう」という（伊達松風・越川禮子『今、伝えたい、子育ての知恵――江戸しぐさ』フリーマン、二〇〇七）。伊達はGHQの戦後処理政策に関する資料として江藤淳『閉ざされた言語空間』（文藝春秋、初版一九八九）を挙げている。

さらに二〇〇九年には、越川までがGHQにより「江戸しぐさ」の抹殺が行なわれたと、桐山との対談で言い始めている。


（明治維新、戦争中の国家総動員法に続く「江戸しぐさ」の三度めの危機として）

それから第三は戦後のGHQによる占領政策と高度経済成長。

伝統文化が軍国主義につながったという理屈で、かなりの量の江戸しぐさの関連文献が燃やされていきます。

（中略）

ただ、うまい具合に根絶やしにはならなかった。というのは、芝先生がGHQに勤めておられたのが幸いしたんです。

(中略)

実際に占領政策として日本人に指示を出すのは二世です。二世はいい加減な日本語しか使えないからそれを正すために芝先生など何人かがいた。桐山さんが調べたところ、検閲担当者は二千〜三千人いたそうですが、先生のグループは七、八人だったそうです。

芝先生はこの仕事をするうちにアメリカの意図がわかり、同時に江戸しぐさのすばらしさを再認識したといいます。そこで江戸しぐさを普及していいかとGHQに請願したそうです。

占領下のことですから怖かったらしいですよ。そんなことを言ったらどうなるかわからない。言わない方がいいと長老たちに忠告されたそうです。でも弁説をしたそうです。担当は女性将校で、一生懸命聞いてくれたそうです。

(越川禮子・桐山勝『人づくりと江戸しぐさ　おもしろ義塾』)

これに先行する越川の著書・監修書にも、芝がGHQで日本文化の良さを教えられたことやGHQに「江戸しぐさ」の普及への認可を求めた話は出てくる（『商人道「江戸しぐさ」の知恵袋』『マンガ版「江戸しぐさ」入門』など）。

しかし、GHQによって「江戸しぐさ」文献の焚書《ふんしょ》が行なわれたこと、芝がGHQの検閲作業に携わったことなどは、この桐山との対談で初めて言及されている。

†「江戸しぐさ」とWGIP

しかし、越川は芝の実年齢を知っているはずである。ここは実際に芝に聞いた話ではなく対談相手の桐山に合わせて話を膨らませたものと思われる。

桐山は、越川の発言を受けて次のように述べている。

『閉ざされた言語空間』という本があります。作家の江藤淳さんが、GHQが占領中に日本で何をしたかを、アメリカに一年留学して調べた体験を元に本に書いたものです。GHQの戦略の中に「ウォー・ギルト・インフォメーション。プログラム（War Guilt Information Program）」があった。略してWGIP。「戦争についての罪悪感を日本人の心に植えつけるための宣伝計画」です。

桐山も伊達と同様、GHQの占領政策を語るのに江藤淳の『閉ざされた言語空間』を引き合いに出しているのは興味深い。

越川と合同で講演会やセミナーをしばしば開催している元自衛隊陸将補の池田整治はブログにおいて、戦後日本は、今もGHQのマインドコントロール下にあるとした上で、次のように述べる。

心豊かに何世代も積み重ねられて育まれた50万の市民が暮らす江戸は、まさに人間性豊かで、心温まるパラダイス社会だったに違いありません。

（中略）

ところが明治政府は、この江戸を否定して成り立っているのですから、なんと江戸仕草そのものさえも禁止してきたのです。

この為、戦後に日本を統治したGHQがこの江戸仕草を「解放」したときに、秘かに江戸仕草を伝えていた人たちがお礼にGHQを訪れたほどです。こういう面までも考えてGHQは、二重、三重にマインドコントロールを戦後の日本社会にかけていったわけです。
（池田整治「21世紀ヤマトごころの部屋　ガイアのつぶやき…その2」船井幸雄．com　二〇一二）

ちなみに池田の歴史観によると近代以降の世界を陰から動かしているのは世界金融支配体制＝黒いエゴ資本主義体制であり、欧米や中国はその糸で動くエゴ資本主義国家である。彼らは善良な日本人を搾取し、滅ぼすことを狙っており、明治維新も第二次世界大戦、それに続く日本占領もその謀略によって引き起こされたものだという。その過程で日本の人間教育の体現ともいうべき「江戸しぐさ」も否定されたのだという（池田整治『マインドコントロール2』ビジネス社、二〇一二）。

「江戸しぐさ」における「江戸っ子狩り」エピソードはもともと陰謀論的内容である。伊達や桐山は江藤淳の著書を媒介にして、そこにGHQ陰謀論を接合した。池田の歴史観はその発展形といえなくもない。が、池田に関してはもともと陰謀論的な思考の持ち主だったからそこに容易に「江戸しぐさ」を組み入れることができたとみなすべきだろう。

埋もれていた事実を発見したと主張する場合、その立証責任は通常、その主張者本人に求められる。その主張の内容が破天荒なものであればなおさらである。

ところが「江戸しぐさ」伝承者は、証拠は弾圧により失われたという形でその立証責任を回避する。さらにその弾圧は徹底的であったが故に弾圧があったという証拠までも残っていないという。この種の陰謀論に対しては眉に唾をつけて応じるしかないだろう。

†親学とWGIP

江藤がその実在を主張したWGIPは親学とも無関係ではない。親学の主唱者である高橋史朗は、親学によるWGIPからの解放を唱えているからである。

高橋の著書『日本が二度と立ち上がれないようにアメリカが占領期に行なったこと』(致知出版社、二〇一四)の副題は「こうして日本人は国を愛せなくなった」ということで、表紙のデザインはコーンパイプをくわえたマッカーサーの写真が入っている。

この書籍の内容は高橋の歴史観(それは親学の根底にある歴史観でもある)を端的に示すものとなっている。

高橋はルース・ベネディクト(一八八七〜一九四八)の『菊と刀』(原著は一九四六)を批判して「西欧近代の〝心身二元論〟とそれに基づく〝善悪二元論〟という単純な二分法論

理に立脚して、日本人に道徳律は欠如していると批判する」書籍であると非難する。

高橋は、ベネディクトに影響を与えたというジェフリー・ゴーラー（一九〇五〜八五）の『日本人の性格分析とプロパガンダ』（一九四二）に批判の矛先を向ける。高橋によれば、ゴーラーは日本人の「性差」「トイレット・トレーニング（用便の躾の訓練）」「売春」に深い関心を持っており、これらについて歪んだ認識を持つ情報提供者の報告に基づいてサディスティックな攻撃性を持つ日本人男性というステロタイプをつくった。

高橋はさらにゴーラーへの情報提供者でもあった政治学者ハロルド・ラスウェル（一九〇二〜七八）と国家神道に批判的だった宗教学者ダニエル・ホルトム（一八八四〜一九六二）がGHQによる日本の占領政策に大きな影響をあたえたことをも指摘する。

そして、高橋は、ベネディクトやゴーラー、ラスウェル、ホルトムらの歪んだ日本人像に基づいたWGIPによって日本人の伝統文化は破壊された、と主張したのである。

高橋は、現在の日本の家族関係や学校教育の崩壊ぶりはWGIPの結果だとする。そこで、それを正常化し、伝統に回帰するための運動が親学だというわけである。


今、安倍総理が「美しい日本人の心を取り戻す」ということを盛んに言われています。

「美しい日本の心」とは何かを考えると、一番の核にあるのは「親心」と「孝心」であろうと思います。つまり、親が子を思う心と子が親を思う心です。この親と子の心の絆こそが「美しい日本の心」ではないかと思うのです。その絆を取り戻すことが喫緊の課題になっているのです。

（高橋史朗『日本が二度と立ち上がれないようにアメリカが占領期に行なったこと』）

なお、高橋はこの書籍において、発達障害は先天的要因によるという医学上の通説を一応受け入れた上で、発達障害には一次と二次があり、先天的なものは一次で、親学により予防できるのは二次であるとする。しかし、これは、発達障害をめぐる現在の医療行政の基礎となる考え方をねじ曲げ、医療行政の現実の中で親学をむりやり流布させるための詭弁にすぎない。

占領政策に影響を与えた日本研究者はベネディクトやゴーラーばかりではない。先述のヘレン・ミアーズや、戦前の熊本県球磨《くま》郡須恵《すえ》村（現あさぎり町）に長期滞在して民俗調査を行なったジョン・エンブリー（一九〇八～五〇）らのように、彼らに批判的な研究者もGHQに関わっている。高橋も彼らの存在を認め、讃えてはいるが、その占領政策に与えた影響を過小評価しているようである。ちなみにエンブリーはその娘とともに交通事故で世を去ったが、高橋はCIAによる謀殺説を支持している。

ベネディクトやゴーラーの意見が占領政策に影響を与えたといっても、GHQという巨大な官僚機構の中ではその影響範囲にも限界があった。たとえばゴーラーは、イギリスに比べて他の政治文化との接触が浅い上に、戦時中のプロパガンダによって日本人への偏見を植え付けられたアメリカ人と日本人との協調は困難であることを、アメリカは知らなければならないとして、日本占領はイギリス主導で行なわれるべきだとする(ゴーラー「極端な事例 日本」、福井七子訳『日本人の性格構造とプロパガンダ』ミネルヴァ書房、二〇一一)。もちろんGHQはこの提言を容れることはなかった。

†WGIPの正体

江藤が「発見」して以来、高橋を含む多くの論者から注目されることになったWGIPとは、一九四八年二月六日付でGHQ内のCI&E(民間情報教育局)からG－2(参謀第二部)内のCIS(民間諜報局)にあてて出したとされる文書表題の略称である。

その文書は、日本の超国家主義の復活を阻止するために民間情報教育局が、参謀第二部から与えられた指示を了解、実行した旨を報告するものだった。その具体的な手段として新聞・ラジオ・映画を利用しての宣伝などが挙げられていた。

"War Guilt Information Program"という文書の表題を江藤は「戦争についての罪悪感を日本人の心に植えつけるための宣伝計画」と訳した。しかし、"War Guilt"を直訳すれば戦争犯罪である。この表題は「戦争犯罪の宣伝計画」と訳す方が適切だろう。

つまり極東国際軍事裁判（一九四六年五月三日〜一九四八年一一月一二日）で対象となった日本側の戦争犯罪容疑を宣伝するための計画である。また、一九四八年二月六日という日付からすれば、ＷＧＩＰはこれからの計画というより、極東国際軍事裁判被告の戦争犯罪容疑を日本国民に知らせるために、これだけの手間をかけましたという報告とみなした方がよいだろう。実際、文書の内容からは、それ以上のことを言っているようには見えない。

もちろん現在では、極東軍事裁判の個々の審理や判決についてさまざまな異論も生じている。しかし、戦時下にあった日本国民には、そこで裁かれる容疑の内容さえ知る機会がなかったことを思えば、ＧＨＱがそれを広報しようとしたのも仕方ないといえよう。

ところが江藤は、この表題を拡大解釈し、極東国際軍事裁判そのものが壮大なＷＧＩＰ

の一環だったと主張した。そして、WGIPは戦時中からのアメリカ本国の方針だったとして、GHQの出版統制と出版物検閲についても、同じ方針に基づいて行なわれたとした。さらに文書表題を日本語として意訳（というより超訳）することで、その内容を戦時中まで遡る日本人洗脳の陰謀論に発展させたのである。

だが、江藤が日本人洗脳の手段として重視した出版統制と出版物検閲について、江藤自身次のように認めている。

ところで、極東国際軍事裁判に関連して出版された書籍について、CCDの検閲は、かならずしもつねにCI&Eの「ウォー・ギルト・インフォメーション・プログラム」ほど徹底した効果を上げるにはいたらなかったらしい。

その一つの理由は、このときまでに、書籍の検閲が事後検閲に移行していたためと考えられる。

（江藤淳『閉ざされた言語空間』）

文中「CCD」とはGHQの検閲機関「民間検閲局」のことである。CCDの検閲方針が事前検閲から事後検閲に変わったのは一九四七年後半のことである。

秦郁彦は著書『陰謀史観』(新潮新書、二〇一二)において、「ウォー・ギルトと並んで江藤がGHQによる愚民化政策と見立てた検閲が早い段階で緩和されたのは、日本人が進んで占領方針に同調したので、宣伝や教育はあまり必要ではなくなったと判断したからかもしれない。だが江藤はそう考えない」として、江藤の発想が陰謀史観にあることを指摘し、「こうなると、江藤の論調は必然的に反米思想へ行きつくしかない」「江藤自身が享受している言論と表現の自由は否定しようもないので、責任はマスコミの自主規制や各人の無自覚に転嫁せざるを得なくなる」ことを示す。

さらに秦は、江藤による反米扇動について「相手が中国や朝鮮半島であれば厄介な紛争を招きかねないが、アメリカなら聞き流すか笑いにまぎらすだけだから、声高に陰謀論を唱えても安心しておられる」「江藤は、日米関係にひそむ「甘えの精神構造」に早くから気づき、それを最大限に利用していたようである」とみなしている。

高橋史朗は、この江藤のWGIP論を親学の背景に取り入れたわけである。また、親学には別の方向からも反米陰謀論に向かう要素がすでに組み込まれている。それは澤口俊之らの言う「伝統的子育て」自体に内在する問題である。

†『スポック博士の育児書』と伝統的子育て

「伝統的子育て」は「江戸しぐさ」と同様、親学の歴史観の前提となっている。その内容は、親子のスキンシップの重要性を強調するものである。近世まで遡れば、武家や大きな商家では小さな子供を乳母や子守にまかせるのは当たり前だったわけで、澤口らがいうような「伝統的子育て」があったとは考えにくい。

では、日本で育児において親子のスキンシップの重要性が強調されるようになったのはいつ頃のことか。確かなのは一九六〇年代末から七〇年代にかけてである。それはある書籍への反発によるものだった。

一九六六年、暮しの手帖社から、ある翻訳書が刊行された。そのタイトルを『スポック博士の育児書』という。アメリカの小児科医ベンジャミン・スポック（一九〇三～九八）が一九四六年に著し、すでに欧米でベストセラーになっていた書籍である。

その内容は、育児を通して親と子と双方の人間的自立をうながそうとするものであり、「添い寝はしない」「授乳は三時間毎に決めて習慣づける」「抱きぐせがつかないよう泣いたからといってすぐに抱き上げない」という提言が、当時の日本の若い母親たちに大きな影響を与えた。

高度経済成長期、親元を離れて都市に出た若者たちは、いざ自分が親になっても育児のこまごましたことを、先輩ともいうべき自分の親にいちいち確かめるわけにはいかなかった。この本はそうした若い世代の親たちの需要に応えるものとなったのである。また当時の若い親たちが育児書の方を信じて、三世代同居の家でも、祖母が子供と添い寝しようとしたり、泣いた子を抱き上げようとするのを止めたりすることもあったという。

しかし、やがて、乳幼児期のスキンシップが足りないと、子供は情緒不安定を招きやすくなるということで『スポック博士の育児書』に頼ることへの批判も生じ始めた。

こうして、六〇年代末〜七〇年代には、親たちの間から『スポック博士の育児書』に代わる方法論が求められるようになり、育児書・家庭教育論のブームが巻き起こった。その流れにそって生まれたベストセラーには、石原慎太郎『スパルタ教育――強い子どもに育てる本』（光文社、一九六九）、井深大《いぶかまさる》『幼稚園では遅すぎる』（ごま書房、一九七一）、羽仁進《はにすすむ》『放任主義――一人で生きる人間とは』（光文社、一九七二）などがある。

ちなみにスポック博士自身は添い寝や抱きぐせに批判的だっただけでスキンシップそのものの重要性は認めていたのだが、日常生活でのハグが少ない日本では、理解されにくかったのである。

育児書の版を重ねるごとにスポック博士は初版での厳格な態度をゆるめ、「泣いたら抱き上げる」「子どもが寝付くまで一緒にいてあげる」などを奨励する方向に向かったのだが、それらの事情は日本ではあまり知られることはなかった。

ここで考えられるのは「伝統的子育て」なるものは『スポック博士の育児書』の反動から生じたものではないかということだ。そして、「伝統的子育て」支持者である高橋の著書にも、その傍証となる記述を見出すことができる。


『スポック博士の育児書』を通して、アメリカ流の子育ての考え方が日本に流れ込んできました。同時に、日本の伝統的な子育てを否定する流れが出てきました。それは厚生労働省が作った「母子健康手帳副読本」に反映されていきました。この副読本が日本中で配られたために、日本の伝統的な子育てとの間で断絶が起きることになりました。

（中略）

そういう伝統的な子育てが失われてしまったために、今日、育児に関する多くの問題が起きてきているのです。その意味で、『スポック博士の育児書』が日本にもたらした弊害《へいがい》は大きなものであったといわざるをえません。
（高橋史朗『日本が二度と立ち上がれないようにアメリカが占領期に行ったこと』）

「伝統的子育て」が実際の過去の日本と乖離した内容なのは、それが『スポック博士の育児書』に代表される「アメリカ式子育て」への反発から生じたものだとすれば納得がいく（スポック博士の主張が実際にアメリカでも一般的なものだったかどうかは疑問だが）。

高橋に限らず、アメリカが持ち込んだ悪しきものを否定することこそ伝統の復興という考え方は、現代日本人の多くに共有された潜在的思潮だと思われる。さらにいえば、そうした反米的思潮は左右のイデオロギーの別を越えて、しばしば発現するものである。

おおまかな図式として、現代日本では、右派はアメリカからの独立を訴えながら国家の安全保障をアメリカとの同盟関係に依存し、左派はアメリカからの解放を求めつつアメリカによる占領下でつくられた憲法を支持している。その捻じれが時として左右双方の論者に見当違いのアメリカ敵視を生み出すことになる。

ＷＧＩＰ陰謀論や「伝統的子育て」もまたその例といえよう。

第六章

オカルト・ナショナリズムの系譜と教育現場

†反ユダヤ陰謀論の日本移入

これまで「江戸しぐさ」や「親学」の歴史観に陰謀論が組み込まれていることを指摘した。ここで生じる新たな疑問は、なぜ「江戸しぐさ」や親学を信じた人々は、その荒唐無稽な陰謀論を受け入れることができたかということであろう。

注目すべきは二〇世紀から二一世紀初頭（〇〇年代）にかけて陰謀論自体が世界的に流行していたという事実である。そして日本もその例外ではなかった。「江戸しぐさ」や親学の陰謀論に出会った人の多くに、すでにそれを受け入れる下地ができていたのである。

二〇世紀における陰謀論の元祖は、史上最悪の偽書と呼ばれる『シオンの議定書』である。ユダヤ人秘密結社が統一国家としてのユダヤ王国復興と世界征服のための計画を記したという内容で、その手段としてマスメディア掌握とイデオロギー対立・政治腐敗などを煽ることによる既成国家の破壊が述べられている。

この文書は帝政ロシア末期、ロシア国内で流行したポグロム（ユダヤ人居住地襲撃）を正当化するためにつくられ配付されたものだったが一九二〇年、アメリカの自動車王ヘンリー・フォード（一八六三～一九四七）が“The International Jew”（『国際ユダヤ人』全四巻、一九二〇～二二）という反ユダヤ本シリーズの中で英訳、引用した結果、世界中で爆発的に広まった。特にドイツでは一九二二年にフォードがナチス党の国外支援者となった関係で広められ、後にナチスへの全権委任（一九三三）がなされてからはユダヤ人迫害政策の正当化のために大量に流布されることになる。

日本に『シオンの議定書』が持ち込まれたきかけは一九二〇年のシベリア出兵であった。この時、ロシア革命調査のために現地入りした陸軍軍人・四王天延孝《しおうてんのぶたか》（一八七九～一九六二）、安江仙弘《のりひろ》（一八八八～一九五〇）、観戦外国武官接待係（通訳）として従軍したキリスト教伝道師・酒井勝軍《かつとき》（一八七四～一九四〇）らがロシア語版『シオンの議定書』を持ち帰り、帰国後にそれを用いた反ユダヤ本を続々と著した。

それらの主張は、ロシア革命を行なった共産党はユダヤの傀儡《かいらい》であり、アメリカを牛耳るフリーメーソンもユダヤ人結社だから両者は裏でつながっているというものであった。ちなみに四王天は第二次世界大戦中にも、その戦争はユダヤが起こしたものだという陰謀論の書籍を著している。

安江と酒井は一九三〇年代に反ユダヤから親ユダヤに転向した。安江はナチスの迫害から逃れたユダヤ人を満洲に迎えるという作戦の指揮をとったこともある（大日本帝国とナチス・ドイツの関係が親密になるにつれ、ユダヤ人側の信頼を失って頓挫《とんざ》）。酒井は、太古日本が世界全土を統治したという偽書『竹内文書』の信奉者となって日本各地に古代ユダヤ人ゆかりの遺産を求め、石川県でモーゼの墓を、広島県で世界最古のピラミッドを「発見」するという業績を残した。

もっとも親ユダヤになったからといって安江や酒井は『シオンの議定書』への信を捨てたわけではなく、彼らはユダヤ人が既成国家を破壊してくれたなら最後に残るのは大日本帝国である、という虫のいいことを考えていたわけである。

いずれにしろ彼らにより日本に陰謀論の種が蒔かれたことは間違いない。ちなみに四王天の本は、昭和初期にクーデターを指嗾した青年将校運動の関係者の間でよく読まれており、二・二六事件（一九三六）の際に四王天は検察の取り調べを受けている。

†戦後のGHQ陰謀論

敗戦という現実は、それまでメディアが拡散してきた「大本営発表」の虚構を日本国民につきつけた。だが、それまでの軍部に代わって情報統制を行ない始めたGHQは、多くの日本国民にとってその内情が見えないブラックボックスでもあった。

そのため戦後日本ではGHQはしばしば陰謀論を支えるギミックとなる。先述のWGIPもその一つだが、その他に有名なものとしてはM資金詐欺がある。これは旧日本軍が長期戦に備えて隠匿していたとされる資産推定額と、GHQが旧日本軍から押収したとされる資産、さらにそこから日本政府に返還された資産との間にそれぞれ大きな差額があることから生まれた話である。すなわち、その差額分は超巨大融資事業の資金となってGHQが戦後日本復興のために運用したというのである。M資金の名は、その資産管理の責任者と称されたマーカット少将の頭文字をとったものである。

M資金がクローズアップされたのは一九六九年、全日空社長がM資金からの融資を受けられるという詐欺に遭ったことが発覚してからである。また、一九七八年に俳優の田宮二郎が自殺した際にも、彼がM資金関係者と称する人物と接触していたことが取沙汰された。

占領期に旧日本軍の資産の多くが行方不明になったことは否定できない。しかし、敗戦時から占領期は、その資産に関わった人々の間で不正な着服や横流しの機会がいくらでもある時期でもあった。失われた資産が実は計画的に運用されていたというのはありそうもない話である。M資金は最初から詐欺の小道具としてでっちあげられた話と見るのが妥当だろう。

一九四九年七月、当時の国鉄総裁・下山定則が行方不明になった後に列車に轢かれた遺体となって発見された下山事件と、国鉄中央本線三鷹駅で車庫内にあった列車が暴走して多くの死傷者を出した三鷹事件が起きた。また、同年八月に東北本線松川駅近くで線路が外され、走ってきた列車が転覆して三人の死者を出した松川事件が起きた。

これらについて、そのすべてがGHQによる陰謀であると断じたのが推理作家の松本清張(一九〇九~九二)である。清張はこの国鉄三大ミステリーを含む、占領期に起きたさまざまな事件について、GHQの陰謀の影を見出し、そのレポートを著書『日本の黒い霧』(全三巻、文藝春秋新社、初版一九六〇~六一)としてまとめた。「黒い霧」は流行語となり、一九六九年から七一年にかけて社会問題となったプロ野球での八百長発覚も「球界の黒い霧」と呼ばれることになる。つまり、この「黒い霧」はマスコミ用語として約一〇年も使われ続けたのである。

しかし、松川事件で容疑者として逮捕されたことがある佐藤一(一九二一~二〇〇九)は、自らの冤罪を晴らすための法廷闘争で国鉄三大ミステリーへの関心を深めるうちに清張の解釈が多くの事実誤認を含んだものであることを確かめた(佐藤一『松本清張の陰謀』

二〇〇六、『「下山事件」謀略論の歴史』二〇〇九）。

一九四九年当時、これらの事件は当局と世論から共産党や戦闘的労働者のしわざと決めつけられた。それから一〇年以上の歳月を経て、世間の空気が変わるうちに今度はGHQのしわざということで、『日本の黒い霧』を著した清張も、それをベストセラーにした世間も納得してしまったわけである。

実のところ、一九四八〜四九年は全国的に列車妨害やそれによる事故が多発した時期で、三鷹事件や松川事件はその中でも被害が大きかった例であり、その説明にGHQを持ち出す必要はない。下山事件も他殺よりも自殺とみなした方が妥当である。（ASIOS・奥菜秀次・水野俊平『検証　陰謀論はどこまで真実か』文芸社、二〇一一）。

清張は同時代的には推理小説に現実的な動機を持ち込んだ「社会派」の代表者とみなされていた（ただし清張本人は「社会派」という呼称を嫌っていた）。しかし、今、清張を読み直してみると秘密結社や謀略を扱った伝奇的な作品も多い。特に『聖獣配列』（新潮社、一九八六）、『霧の会議』（文藝春秋、一九八七）などは、陰謀史観をそのままエンタテインメントにとりこんだ感さえある。

当時の日本の世相は、そうした作品さえ「社会派」とみなしてしまうほどに陰謀論と親和的だったのである。

†陰謀論の本場アメリカ

ＧＨＱ陰謀論の他にも、日本海軍の真珠湾攻撃は奇襲成功ではなくアメリカ側が準備したシナリオ通りに進められた、ロッキード事件は田中角栄を失脚させるためにアメリカが仕掛けた罠だった、一九八五年の日航ジャンボ機墜落は米軍による撃墜だった、阪神・淡路大震災と東日本大震災はアメリカの地震兵器によって引き起こされた、などアメリカが日本にしかけたという陰謀論は枚挙にいとまがない。

これらの背景に第二次世界大戦とその後の占領という暗い歴史があることは間違いないが、もう一つの要因としてアメリカ自体が陰謀論の発信国だということもある。

ケネディ大統領やキング牧師の暗殺、九・一一同時多発テロなどの重大事件の主犯はアメリカ政府機関だった、アポロ宇宙船月面着陸はアメリカ政府が仕組んだフェイクだった、アメリカ政府は密かに宇宙人と交渉しながらその事実を隠蔽している、などの陰謀論を説き始めたのは当のアメリカ人である。

アメリカの州は日本の県と違って大きな自治権を持っている。それらは独自の州法を制定し、州兵の動員をも行える政府なのである。それだけにアメリカ人の州への愛着は日本の県民自慢以上である。そして、その郷土愛は連邦政府の不信とも結びつきやすい。

アメリカ独立宣言は国民の抵抗権を生存、自由、幸福の追求と並ぶ人権とみなしており、合衆国憲法・権利章典の修正第二条でも抵抗権確保のための武装権を認めている。その抵抗の対象には連邦政府も含まれる。つまり、アメリカ国民は連邦政府を監視し、それが圧政者であるとみなしたなら抵抗する権利を独立宣言と憲法に保障されているわけである。

そこでアメリカは連邦政府の陰謀という話をつくったり、それに飛びついたりする人を不断に生み出す国となっている。

また、現実においても、ニクソン政権が民主党本部の盗聴とそのもみ消しを目論んだウォーターゲート事件、レーガン政権が当時敵対していたはずのイラン製の武器を売ってその収益でニカラグアの反政府ゲリラを援助していたイラン・コントラ事件など、アメリカ政府が実際に陰謀をめぐらせ、実行した例はいくつも発覚している。それが、アメリカ政府が主犯だといえば、荒唐無稽な陰謀論でもリアリティを感じる人たちが出る原因の一つになっている。もっともウォーターゲート事件やイラン・コントラ事件の隠蔽もしきれないような組織に、それよりはるかに大掛かりな謀略を証拠も残さずしかけることができようはずはないのだが……。

また、アメリカ政府が外部の組織、たとえばユダヤ秘密結社、フリーメーソン、イルミナティ、共産主義者などに牛耳られているという陰謀論もアメリカ国内でよく語られている。もちろんアメリカ人がそれらの陰謀論を持ち出す時には、政府、ひいては国民を陰謀の黒幕から解放しようという話になるわけだが、それが日本に持ち込まれると陰謀結社の傀儡であるアメリカから日本を守ろうという話になってしまう。

日本でも宇野正美『ユダヤが解ると世界が見えてくる』(トクマブックス、一九八六)のベストセラー以降、九〇年代にかけて書店の棚が陰謀論の花盛りとなる状況が続いた。

一九九五年二月、文藝春秋の雑誌『マルコポーロ』がナチス・ドイツによるユダヤ人虐殺を否定する記事を掲載、アメリカの反ユダヤ主義監視団体SWC(サイモン・ウィーゼンタール・センター)からの抗議で雑誌自体が廃刊に追い込まれる事件が起きた。ユダヤ人虐殺否定は欧米のユダヤ陰謀論者の間によく観られる主張で、この記事もその影響下にあるものだった。

また、やはり一九九五年、オウム真理教が、地下鉄サリン事件やそれ以前の複数のテロの犯行組織として注目された際、複数のメディアがその教団内でアメリカ、ユダヤ、フリーメーソンなどを敵視した陰謀論が語られていたことを報じた。それまで陰謀論を拡散していた著者や出版社は、それで反省するどころか、オウム真理教もユダヤなりフリーメーソンなりの陰謀によってつくられた、という本を著す有様だった。

もっとも、この八〇～九〇年代の陰謀論ブームも、それ以前からのGHQ陰謀論の隆盛を思えば、その延長線上に形成されたものとみなすことができる。

†コミンテルン陰謀論

さて、今世紀に入ってからは右派の方からコミンテルン陰謀論なるものがさかんに取沙汰されるようになった。コミンテルン（共産主義インターナショナル、第三インターナショナル）は一九一九年に結成された共産主義者の国際組織であり、当初は世界革命を目的として資本主義国家内部で活動を行なうものとされていた。

しかし、ソビエト連邦におけるスターリン政権（一九二二～一九五三）の大粛清《しゅくせい》で多くのスタッフを失い、各国での警察による摘発や軍による鎮圧もあってその活動は低迷、さらに第二次世界大戦でソ連が連合国に加わることで存在意義を失い、一九四三年に解散した。

二〇〇八年、アパグループが主催する第一回「真の近現代史観」懸賞論文に航空自衛隊航空幕僚長（当時）田母神《たもがみ》俊雄（一九四八〜）が応募した「日本は侵略国家であったのか」は最優秀藤誠志賞をとったが、その内容は蔣介石とルーズベルトはコミンテルンの手先であり、日本はコミンテルンの謀略で日中戦争・日米戦争に引きずり込まれたというものだった。

実はこの田母神論文の主張は特別なものではない。その内容は、先行するコミンテルン陰謀論の受け売りであり、さらに田母神論文自体が新たなコミンテルン陰謀論をネット上や保守文壇に拡散する媒体にもなっている。

たしかに日中戦争時代、蔣介石《しょうかいせき》の国民党政府は、当時はコミンテルン傘下だった中国共産党と同盟する国共合作を結んでいた。ルーズベルトの顧問にソ連のスパイがいたこと自体は冷戦後に公開された文書から判明している。さらにルーズベルトは一九三七年から蔣介石支持・対日強硬路線を打ち出しており、それが四一年の日米開戦につながったことも確かである。

日本では、コミンテルン系のリヒャルト・ゾルゲ（一八九五〜一九九四）が潜入し、諜報組織をつくったことがある（一九四一年に一斉検挙）。そのメンバーには第二次近衛《このえ》内閣

（一九四〇〜四一）の内閣嘱託として政策に提言する立場の尾崎秀実《ほつみ》（一九〇一〜四四）がいた。また、尾崎がジャーナリストとして暴支膺懲《ぼうしようちよう》（思いあがった中国を日本が軍事力で懲らしめよ、とするスローガン）、日米戦争不可避論を説き、日本国民の戦争熱を煽ろうとしたのも事実である。尾崎が戦時中に刑死したことから戦後、彼が実は平和主義者だったというイメージがつくられたのは皮肉な成り行きである。

しかし、現実問題として、コミンテルンにアメリカ・中国・日本を手玉にとれるほどの実力があったとは考えにくい。蔣介石は、中国共産党と一時的に協力関係を結ぶことはあっても、ほぼ一貫して共産主義と対立する姿勢をとっていた。国共合作がなされたのも日本という共通の敵があったからである。

日本とアメリカは中国市場における利権確保をめぐって対立していた。ルーズベルトの対日強硬策を説明するのにコミンテルンを持ち出す必要はない。また、コミンテルン日本支部だった共産党は一九三二年から一九三五年にかけてほとんどの幹部が獄中に送られ、組織としては壊滅していた。

近衛文麿《ふみまろ》（一八九一〜一九四五）は一九四一年一〇月一六日の近衛内閣総辞職直前まで、開戦回避のための日米首脳会談実現に向けて奔走していた。近衛は、一九四五年二月一四日に、軍部に潜伏して徹底抗戦を唱える共産主義者が対米英中講和を妨げているので戦争終結のためには彼らを粛清するべきだ、との上奏文を昭和天皇に提出している。この「近衛上奏文」は現在のコミンテルン陰謀論の先駆でもある。

近衛からすれば、自分の側近でありながら日米戦争不可避論で開戦回避交渉の足を引っ張った尾崎が、実はソ連のスパイだったというのは苦い経験だったのだろう。また、共産主義者の策謀を強調することは開戦回避を成しえなかった自分への免責という意味もあった。

当然のことながら、開戦および戦争の長期化は、中国（国民政府）、アメリカ、日本ともそれぞれの国益を優先させた結果である（さらに言えば、それぞれの国の失策の結果でもある）。そもそもすべてがコミンテルンの筋書き通りだとすれば、大日本帝国崩壊後の日本列島と朝鮮半島は丸ごと共産圏に組み込まれていたはずではないか。

それでも第二次世界大戦での日本をあくまで被害者の立場におきたい人にはコミンテルン陰謀論は魅力的なのだろう。コミンテルン陰謀論者の中には、SNSなどでコミンテルンが今でも継続しているかのような物言いをする人までいる。

†アメリカに対する「甘えの構造」

ところで、ユダヤなりフリーメーソンなりコミンテルンなりをアメリカの黒幕とする説には連邦政府主犯説とは異なる利点もある。それはアメリカ政府をも陰謀の犠牲者とみなすことができる、ということである。

秦郁彦は、江藤が、日米関係に潜む「甘えの精神構造」に気づき、それを最大限に利用した産物の一つがＷＧＩＰ論である、とみなしている。

戦争をくぐり抜けた日米両国は半世紀を超える協調と同盟の関係を維持してきた。それを対米従属と見なし、「甘えても怒られない」（怒ってくれない）のを承知の上で反発する論調は今後も絶えないだろう。

（秦郁彦『陰謀史観』）

戦後日本のアメリカ陰謀論は当初、ついこの間まで敵国だった国への憎悪と他国の占領という現状への反発から始まった。その典型がＧＨＱ陰謀論である。ところが冷戦下で日米同盟を前提とする防衛体制が長期化すると、今度は日本側にアメリカに対する甘えが生じた。一九八〇年代あたりからのアメリカ陰謀論には、ＷＧＩＰ論に限らず、その甘えを見出すことができる。

アメリカと日本の国益が対立する状況において、アメリカが日本の望まない方針をとるのは当たり前の話である。しかし、日本人の側にアメリカに対する依存心があると、その当然のことが裏切りに思えてしまう。そこでその反動からアメリカへの疑心暗鬼に走る。あるいは、アメリカが本心で日本と対立するはずはない、という発想からアメリカの黒幕となる勢力を求めてしまう。

八〇〜九〇年代のユダヤ陰謀論ブームや今世紀になってからのコミンテルン陰謀論はその典型だろう。

ＧＨＱ陰謀論は、かつては左派から歓迎されたものだが、現在のコミンテルン陰謀論は右派により支持されている。陰謀論にはまりやすい傾向は、イデオロギーの左右に関係ないのである。

そして、このような陰謀論的発想になじんだ人々が過去の日本と向き合った結果、さまざまな歴史の「真実」なるものが発見されることになる。その典型が六〇〜八〇年代のいわゆる古代史ブームである。

なお、WGIP論によってその主張の正当化を行なっている集団としては、親学関連以外にも、反韓団体の「在日特権を許さない市民の会」(在特会)がある。これについて、哲学者の能川元一は「東京裁判は、日本による朝鮮半島の植民地支配を本格的に断罪することはなかったし、GHQは朝鮮人を邪魔者視する日本政府の政策をしばしば追認してもいる」にもかかわらず、在特会がWGIP論を持ち出すことは興味深いとしている(能川元一「〝歴史戦の決戦兵器〟、「WGIP」論の現在」塚田穂高編『徹底検証 日本の右傾化』筑摩選書、二〇一七)。

†登呂遺跡と月の輪古墳

戦後日本人の歴史観を考える上で、重要なモチーフとして古代史ブームがある。その本格的な始まりは一九六〇年代末からの邪馬台国ブームであり、さらに一九七二年、奈良県明日香村の高松塚古墳彩色壁画発見のニュースによって八世紀以前の古代史全般への国民的関心へと発展することになった。

とはいえ、邪馬台国ブームにはさらにその前史があった。ブームの間に邪馬台国所在地を巡る議論は多様化したにもかかわらず、メディアではいまだに九州説と近畿説の二項対立で説明されることが多い。それは一九一〇年、東京帝国大学教授の白鳥庫吉《くらきち》（一八六五〜一九四二）による九州説（「倭女王卑弥呼考」『東亜之光』五-六・七号）と京都帝国大学の内藤虎次郎（湖南《こなん》、一八六六〜一九三四）による近畿説（「卑弥呼考」『芸文』一-二・三・四号）という二大論文が発表されたことにある。ちなみにこの同じ年には在野の哲学者・木村鷹太郎《たかたろう》（一八七〇〜一九三一）が『読売新聞』紙上で「東西両大学及び修史局の考証を駁す――倭女王卑弥呼地理に就いて」を発表、エジプト説の論陣を張っている。

しかし、この時点から終戦直後までの邪馬台国所在地論争は知識人の間での関心にとどまっていた。

敗戦の苦難に打ちひしがれていた日本国民が立ち直っていく過程において、日本文化そのものの起源を求めるかのように古代の遺跡に注目が集まり始めた。そこで象徴的役割を果たしたのが現静岡県静岡市駿河区の登呂遺跡と現岡山県美咲町の月の輪古墳である。

登呂は一九四三年に発見された弥生時代の村落跡で大規模な水田遺構や住居址が存在することで注目された。発見当初の発掘調査は戦時下ということもあって早々に打ち切られ、その発掘での出土品の多くや報告書は戦災で失われたが一九四七年七月に再開された発掘作業でその遺跡の重要性は改めてクローズアップされることになった。『毎日新聞』記者として登呂遺跡の発見当初から関わっていた森豊（一九一七～二〇〇一）は、静岡市観光課の統計によるとして、一九五一年に約九万人だった登呂遺跡刊行見学者が五二年に一二万人、五三年に一五万人、五四年に二〇万人、五五年に二五万人、五六年に二八万人、五七年には三〇万人以上と年々増えていったことを記している（森豊『「登呂」の記録』講談社、一九六九）。

また、一九五一年、遺跡内に復元住居が建てられ、さらに特別史跡としてその広域の遺跡保存の方針が打ち出されたが、これは後に佐賀県の吉野ヶ里遺跡、青森県の三内丸山遺跡、鳥取県の妻木晩田《むきばんだ》遺跡などにできた遺跡公園のモデルともなった。

月の輪古墳は直径約六〇メートル、高さ一〇メートルほどの円墳である。一九五三年、当時、岡山大学助手だった近藤義郎（一九二五～二〇〇九、後に岡山大学名誉教授）はその発掘調査を地域の住民や教師、学生と協力して地域の歴史を明らかにするための市民活動として組織化した（月の輪方式）。その発掘にはのべ一万人が参加し、さらにその模様はドキュメンタリー映画『月の輪古墳』として記録され、全国の学校などで鑑賞された。歴史学者・考古学者（古代オリエント史専攻）としての業績もある三笠宮崇仁親王（一九一五～

二〇一六）は月の輪方式に関心を持ち、現地を訪れただけでなく住民たちと同じ宿舎に泊まって発掘作業に参加している。

こうした市民レベルでの弥生・古墳時代への関心の高まりがやがて訪れる古代史ブームを準備したというのは確かだろう。

†「謎解き」としての日本史

こうした考古学への関心は、当時の人々が、敗戦を通して、自分たちの歴史常識―神話教育や皇国史観に基づいて教えられていた日本歴史へのイメージに不信感を持ち、そこからの脱却しようとする試みだったとみなすことができる。

教育現場においても、終戦後は、日本国家の起源を神話に代わって考古学と中国側史料に基づく実証史学で説明する、という方針がとられるようになった（日本統治時代の朝鮮半島における考古学研究と歴史教育がそのモデルとなったことについては拙著『つくられる古代史』参照）。

しかし、それまで常識とされた「国史」への否定的評価はその根拠とされた文献（記紀など）への疑惑へとつながる。その国民的意識の変化を敏感に察知し、作品に反映させたのが坂口安吾（一九〇六〜五五）である。

安吾は純文学系の作家であったが終戦直後の一九四七年に日本古代史を題材にした歴史小説『道鏡』を発表、さらに一九五〇年代にかけて『安吾史譚』『安吾新日本地理』『安吾新日本風土記』などにまとめられる史論を展開。特に古代史については大和朝廷以前の（もしくは並行した）蘇我王権や飛騨王権の可能性を論じるにいたった。

また、安吾がこの時期、『不連続殺人事件』（一九四八）などの巨勢博士シリーズや『明治開化　安吾捕物帖』などの推理小説を手掛けていることは興味深い。

一九六〇年代以降の邪馬台国ブームの火付け役となったのは長崎県島原市出身の作家・郷土史家である宮崎康平（一九一七〜八〇）の『まぼろしの邪馬台国』（講談社、初版一九六七）と推理作家・松本清張の『古代史疑』（中央公論社、初版一九六八）のベストセラーによる。推理作家による邪馬台国論争・古代史ブームへの参入は安吾・清張以降、高木彬《あき》光《みつ》（一九二〇〜九五）、邦光《くにみつ》史郎（一九二二〜九六）、黒岩重吾《じゅうご》（一九二四〜二〇〇三）、志《し》茂《も》田《だ》景樹《かげき》（一九四〇〜）、井沢元彦（一九五四〜）など枚挙にいとまがない。

これはこの時期、古代史が推理小説と同様、謎解きの対象として享受された状況を示していると思われる。さらに言えば、推理小説で提示される謎に犯人が想定されているのと同様、古代史においても真実を意図的に隠蔽した「犯人」を想定するような論法が横行したのも、古代史ブームにおける風潮だった。

†古代史ブームの論客たち

邪馬台国ブームが生んだベストセラーの一つ『「邪馬台国」はなかった――解読された倭人伝の謎』（朝日新聞社、初版一九七一）の著者・古田武彦（一九二六～二〇一五）は『失われた九州王朝――天皇家以前の古代史』（朝日新聞社、初版一九七三）において、漢代（あるいはそれ以前）から七世紀まで一貫して中国の歴代王朝と国交を結んだ九州王朝の実在を唱えた。古田によれば、白村江の戦い（六六三年に起きた唐・新羅《しらぎ》連合と倭国・百済《くだら》連合の決戦）で九州王朝が衰えた後、それまで配下の一豪族にすぎなかった近畿天皇家が九州王朝にとって代わった。さらに近畿天皇家による隠蔽工作で九州王朝の存在は日本史から抹消されたのだという。

古田は一九九〇年代、青森県に伝わった古文書といわれた『東日流外三郡誌《つがるそとさんぐんし》』の研究に没頭した。『東日流外三郡誌』が現代人の手になる偽書であることが判明しても、古田はその偽作性を認めようとせず、偽書説の背後に黒幕がいると言い出して、晩年まで陰謀論的傾向を深めていった。

哲学者の梅原猛は、『すばる』一九七〇年六月号掲載の「神々の流竄《ルザン》――日本精神の系譜1」で古代史論壇にデビューした。梅原は、法隆寺は聖徳太子とその一族の怨霊を鎮めるための寺であると説く『隠された十字架――法隆寺論』（新潮社、初版一九七二）、万葉歌人の柿本人麿は刑死したとする『水底の歌――柿本人麿論』（上下、新潮社、初版一九七三）などで多くのファンを獲得した。梅原は、八世紀の官僚・藤原不比等（六五九～七二〇）に注目し、彼こそ記紀神話と律令の真の作者で日本国家のグランドデザインを作った人物だとする。

朝鮮・日本交流史の研究家だった李《り》進熙《じんひ》（一九二九～二〇一二）は一九七二年に『広開《こうかい》土《ど》王陵碑《おうりょうひ》の研究』（吉川弘文館）で、中国・集安にある高句麗《こうくり》広開土王陵石碑の碑文が日本陸軍の参謀本部によって改竄されたという説を唱え、日本の古代史ファンに衝撃を与えた。韓国には、アカデミックな古代朝鮮史は、日本帝国主義によって書き換えられた虚構だとする民間史学運動があるが、李の広開土王改竄説はその根拠の一つとして取り入れられることになった。李は宣言した。

こんにち、日本軍国主義の復活に反対するたたかいのなかで、歴史家にかせられた重要な課題の一つは、皇国史観の侵略的本質を徹底的にうち砕くことだといえよう。
（李進熙「広開土王陵碑の謎――初期朝日関係研究史上の問題点」『思想』五七五号、一九七二年五月）

一七六〇～七〇年代の古代史ブームを支えた書き手の多くは大正～昭和一桁に生まれていた。その古代史論には彼らの戦争体験の投影が見られる。

松本清張は『古代史疑』において、邪馬台国をはじめとする北九州連合国体は、魏から派遣されて倭に駐屯していた「一大率」の監察下にあり、内政干渉も受けていたと想定した。この倭国のイメージにGHQ占領下の日本の投影を見ることは容易である。

古田武彦は語る。

九州王朝はなぜ滅びたか。白村江の敗戦が原因ではない。それは結果である。では、何が本当の原因だろう。それはほかでもない。四世紀より七世紀まで、朝鮮半島に大軍を送りつづけたこと。あるいは半島内の支配権を主張し、あるいは半島内の一角に拠点を確保しようとしつづけたこと。そして、何よりも朝鮮半島内人民の怨嗟の声と武器の支配とを対立させていたこと——それが真の原因である。

（中略）

どんなにもっともらしい理由があるにせよ、他国の領域に武力を行使し、それによって長期間影響力をもちつづけようとする大国は、すべて滅び去るほかない。——それが歴史の鉄則だ。外に対する圧力は、必然的に内部の腐敗と矛盾を招き、ついにはみずからの基盤を掘りくずしてしまう。九州王朝は、みずからの全歴史をもって、この真理を実証し終ったのである。

この一世紀間において、天皇家は九州王朝の轍《てつ》を踏み、世界の人々の面前で、みずからの「神聖性」を放棄させられることとなった。わたしは青年のはじめの日に、それを見たのである。

（古田武彦『失われた九州王朝』）

ちなみに古田は宮崎産業経営大学教授（当時）の吉田堯躬《たかみ》との対談で、九州王朝滅亡の原因を長期の朝鮮半島出兵に求めることは難しいと指摘され、次のように答えた。

「『失われた九州王朝』を書いた目的は九州王朝の存在を証明することで、滅亡論を展開したわけではありません。結末がなくては恰好がつかないので、敗戦の頃の体験を滅亡の一つの原因として書いただけです」（吉田堯躬『『三国志』と九州王朝――吉田史学の批判的考察』新泉社、一九九七）

梅原は、次のように回想する。

戦争の中ですごされた私の旧制高等学校時代に、私がもっとも愛したものは、文学と哲学、特に万葉集と西田哲学であった。

（中略）

戦争というものを大いに忌み嫌った戦後の私は、戦争中の私の心の支えにしたすべてのものを忌み嫌った。万葉集も戦後の私にとって、戦争という暗い過去を連想させる、好ましくない歌集としてのイメージをまぬがれなかった。

それゆえ、昭和三十五年（一九六〇）頃《ころ》、私が西洋から日本へと研究の対象を移し、日本回帰を宣言した時も、日本文化の原点を密教と『古今集《こきんしゆう》』に求めて、万葉集を遠ざけたのである。ところが、『神々の流竄』と『隠された十字架』の二著を書き、七、八世紀の権力構造と、その権力構造の中から生れた文化の実態が見えはじめた私の眼に、突然に、この万葉集という、青春時代の私にとっては戦争と死の歌集という意味しかもたなかった歌集が、全く異った姿で現われはじめたのである。

（『梅原猛著作集〈11〉水底の歌』の自序、集英社、一九八二）

文中「西田哲学」とはいわゆる京都学派の創始者・西田幾多郎（一八七〇～一九四五）の哲学体系で、戦後の梅原による西田哲学との格闘については梅原の自伝『学問のすすめ』（佼成出版社、一九七九）にくわしい。

†古代史ブームの読者たち

これらは著者側の発言の例だが、一方で書籍の購読層などの形で古代史ブームを支えた人々の多くも戦争の記憶とそれにまつわる様々な感情を共有していた。また、ブームの長期化とともに支持層の多数派となっていった戦後生まれの団塊の世代もその感情に共感しようとした。

いまここに、ぼくの目の前に、日本古代史に対する様々な学説がころがっている。いわく「邪馬台国の位置」いわく「九州王朝」いわく「河内王朝」いわく「騎馬民族征服説」いわく「好太王碑文の謎」エトセトラだ。ぼくは、それらの異説、新説のすべてを支持する。それが「皇国史観」と敵対するものであるかぎり、いかなる珍説であっても支持したいとおもう。

（佐々木守「キリストの死んだ村」『歴史読本』一九七四年四月号）

佐々木守（一九三六〜二〇〇六）は、一九六〇〜八〇年代にかけて多数のテレビ番組の脚本を書き、ヒット作を連発してきた人物だった。相互に矛盾する異説・新説のすべてを支持できるはずなどないのだが、これは古代史ブームを支えた気分を伝える証言として貴重なものだろう。

古代史ブームは古代史に現代（戦時中含む）の問題を投影することの流行でもあった。その問題の中には戦時中の軍部による情報統制もあった。古代史に謎が生じた原因について、事件経過による情報の損失よりも人為的な情報操作の方を重視する発想が広まったのもそのせいと考えられる。

さらにそうした発想は歴史全般にも向けられるようになっていく。たとえば歴史作家の八切止夫《やぎりとめお》（一九一四～八七）は、『信長殺し、光秀ではない』（講談社、一九六七）での明智光秀冤罪説を皮切りに上杉謙信女性説、家光家康実子説など戦国から江戸初期に関する異説を次々と発表、一方で古代史方面でも、藤原氏を白村江の敗戦後に唐から日本に派遣された進駐軍の子孫として、現在の日本国民の主流は藤原氏に征服された原住民（海人族、騎馬民族など）だとする日本原住民論を展開した。

当然、その主張は既存の史料と矛盾するわけだが、八切は常識的な歴史観を支える史料こそ、真相が明かされると都合が悪い者たちによって捏造されたものであると決めつけて乗り切った。八切の史論は学界からは黙殺されたが、一般の歴史ファンの気持ちをつかみ、現在も支持する声が絶えない。

こうした思考が現代史に向けられれば、それが陰謀論の形をとることになる。江藤淳がGHQによる日本国民洗脳を説いた一九八〇年代末や、越川禮子が「江戸しぐさ」を広め始めた一九九〇年代から二〇〇〇年代初期、それらの書籍を手に取ったような人たちは、歴史に関心を持っていた人であっても、あるいはもともと歴史に関心を持っていた人ならなおさら陰謀論的な思考にもなじんでいたのである。

さらにいえば八〇～九〇年代の陰謀論ブーム（ビジネス書という名目でのユダヤ陰謀論本、フリーメーソン陰謀論本等のベストセラー）も戦前からの陰謀論の単なる焼き直しではなく、古代史ブームに代表される「歴史の見直し」の気運に支えられたとも考えられる。

荒唐無稽なＷＧＩＰ論や、「江戸っ子狩り」隠蔽の陰謀論が抵抗なく受け入れられたのもこうした下地があればこそだったのである。

†戦前の「先住民族」論争

現在の「江戸しぐさ」の歴史観は、アメリカインディアン（ネイティブアメリカン）による公民権運動の影響下にある。その意味で、一九九〇年代以降の「江戸しぐさ」普及は、一九六〇年代以来の世界的潮流としての原住民復権運動の一環としてとらえることが可能である。

原住民復権運動の主な担い手は、大航海時代の植民地化や帝国主義時代の列強領地拡大に巻き込まれた現地の人々の子孫である。北米大陸におけるアメリカインディアンやオーストラリアのアボリジニ、日本のアイヌなどがその典型だ。

ところが、国民国家の主要民族で外部に対しては抑圧者とみなされる立場の人々でも原住民（の子孫）を称することができる。その先駆と考えられるのが一八〜一九世紀に北西ヨーロッパ諸国を席巻したロマン主義である。ロマン主義はもともとローマ帝国領の拡大とセットで広まった古典ラテン語文化に対抗する形で生じたロマンス語文化の詩や物語の世界観を見なおすところから始まった。そのロマン主義の影響を受けた運動としては一九世紀にイングランドとアイルランドで勃興したケルト文化復興運動や、昭和一〇年代の日本で『万葉集』の時代への回帰を主張した日本浪漫派などがある。

このような視点からすれば現代日本における「江戸しぐさ」や縄文文化見直しもロマン主義の流れをくむ原住民復興運動ということになる。ただし、それらにおいて回帰すべき過去のイメージは現代人の理想を投影したフィクションすぎない。したがって同じ日本国内の原住民復権運動といっても明確な先住民族を担い手とする北海道アイヌ協会の運動とは一線を画する。

さて、現在の日本列島の多数をなす民族を日本民族と呼ぶとして、その日本民族が日本列島に現れる以前、日本列島にすでに先住民がいたという説は一九一〇年代半ば（大正初頭）までは有力だった。その最大の根拠は石器時代のものとされる土器の文様や装飾があまりに複雑で異様だったため、当時の認識では、日本民族の産物とはみなしがたいとされたからである。その石器時代の土器は、縄目模様が刻まれたものが含まれていたことから縄文式土器と命名されていた。

日本に西欧の考古学の手法をもたらしたエドワード・S・モース（一八三八〜一九二五）やハインリヒ・フォン・シーボルト（フィリップ・フランツ・フォン・シーボルトの子、一八五二〜一九〇八）らは、その先住民族をアイヌ（もしくはその祖先）とみなし、日本民族によって日本列島の広域から北海道以北に追いやられたとした。

また、帝国大学理科大学（現東京大学理学部）教授の坪井正五郎（一八六三〜一九一三）は、日本列島の先住民族はアイヌ伝説に出てくるコロボックルと呼ばれた人々であってアイヌそのものではないと主張した。とはいえ、坪井も先住民族の素性探しを行なうのにアイヌの伝承を手掛かりとしていたわけである。

以上のことから日本の考古学界では、長らく縄文式土器をアイヌ式土器と呼ぶ人も多かった。

一九二〇年代には、石器時代の人骨に関する研究が進み、その形質がアイヌより日本民族に近いことが明らかにされた。また、その同時期には、主に北部九州での遺跡の発掘から、石器時代は民族交代によって一気に終焉したわけではなく金石併用時代ともいうべき時期があったことも明らかにされた。日本列島における金石併用時代はやがて、その時代の指標として弥生式土器が用いられたことから弥生時代と呼称されるようになる。

一九三〇年代の考古学界では、縄文式土器の時代、弥生式土器の時代という呼び方が定着し、土器の違いは民族の違いではなく生産様式の違いとして認識されるようになる。縄文時代・弥生時代というのはその略称である。

国立歴史民俗博物館教授の山田康弘は戦前からの「縄文時代」「弥生時代」という用例を学術論文や教科書から抽出し、それがアカデミックな日本考古学の世界から先住民族という発想を追放するための用語だったことを考証した（山田康弘『つくられた縄文時代』新潮選書、二〇一五）。

もっとも土器の様式を先住民族の存在と結びつける発想はアカデミズムの外には残り続け、後に先住民族としての「縄文人」が見出されることになっていくわけだが、それはまた別の話である。

†「日本原住民論」の登場

一九六七年、東京大学名誉教授の江上波夫《なみお》（一九〇六〜二〇〇二）は著書『騎馬民族国家』（中公新書）で、北方ユーラシアから朝鮮半島経由で、日本列島に渡来した騎馬遊牧民族が大和朝廷を興したという騎馬民族征服王朝説を展開した。この書籍はベストセラーとなり、江上は一九六八年度の毎日出版文化賞を受賞している。

一九七二年、歴史作家の八切止夫が著書『日本原住民史』を発表、日本民族の形成を複数の集団である「原住民」の混交で説明しようとした。先述のように、八切は明智光秀の信長殺しは冤罪で光秀は陰謀の犠牲者だった、上杉謙信は女性だった、徳川家光の実父は家康で乳母とされる春日局こそ実母であった、などの日本史異説を発表していたが、この著書でその視野を古代まで敷衍させたわけである。

八切によると、日本原住民とは、縄文時代以来の日本人主流で海洋民族でもある天ノ王朝系、朝鮮半島経由でやってきた騎馬民族、藤原氏との抗争に敗れた蘇我王朝の末裔、平氏系北条氏に敗れた源氏などの総称である。ところが日本列島は七〜八世紀に唐によって占領され、唐人の子孫が日本の支配層である公家となった。日本原住民はさまざまな形でその公家への抵抗を行なった。アイヌは日本原住民ではなく、むしろ日本原住民と敵対する民族だったという。

なお、八切の、唐による古代日本占領説は、史料事実によるというより、八切が実際に直面したアメリカによる日本占領という現実を、古代に投影することで得られたアイデアではないかと思われる。

八切の日本原住民史論は著書によって内容の違いがある（たとえば邪馬台国を原住民系の国家とみなしたり公家と同じ中国系の国家とみなしたりする）が、ほぼ共通する構図もあった。八切は、皇室については日本原住民を構成する各民族の旧王家の血を引いているとみなし、日本原住民統合の柱となる家系だったが、それゆえに公家によって利用されてもきたと解釈していた。

八切が提示した日本原住民論という視点を、左派のイデオロギー闘争にとりこんだのは、共産主義者同盟赤軍派の活動家・梅内恒夫（一九四七〜生死不明）である。爆弾作成の容疑で指名手配中だった梅内は、地下発信で、一九七二年五月一〇日付『映画批評』に論文「共産主義者同盟赤軍派より日帝打倒を志すすべての人々へ」を発表、八切の説を援用しつつ、日本人は日本原住民の原点に立ち返り、アイヌやかつて日本に侵略されたアジアの人々と共に天皇制を打倒して、国家としての日本を解体しなければならないとした。

つまり八切が古代日本の征服者として唐を想定したのに対し、梅内は江上の騎馬民族征服王朝説などを媒介として大和朝廷の後継たる皇室こそ日本原住民への侵略者であり、抑圧者である、という論理を構築したわけである。

この梅内論文は当時の新左翼の動向に大きな影響を与えたが、八切はそれを読んで、自説が曲解されたと激怒したという。

†原住民としての縄文人再発見

在野の考古学者・藤森栄一（一九一一～七三）は一九五〇年代から長野県の縄文遺跡の出土品によって、日本列島での農耕の起源を縄文時代まで遡らせる説を展開し、その成果を著書『縄文農耕』（学生社、一九七〇）にまとめた。

美術家の岡本太郎（一九一一～九六）は一九五二年、美術雑誌に「縄文土器論――四次元との対話」を発表、縄文土器の美術的価値を「発見」した。

これらの縄文文化見直しは、縄文時代を改めて日本文化の原点に位置付ける認識を生む一方で、縄文人を現代日本人とは異質だが高度な文化を持つ人たちとして再認識する人々をも生みだすことになった。

宇宙人の乗り物としての空飛ぶ円盤の実在を信じ、宇宙人との交流を求めるという団体CBA(宇宙友好協会)は一九六〇年代から、日本人は縄文時代から宇宙人と接触していたが、その窓口となっていた太陽王国は大和朝廷に滅ぼされたと説いていた。CBAは、アイヌ叙事詩ユーカラに登場する英雄オキクルミを宇宙人とみなし、オキクルミ降臨の伝説が残る北海道ハヨピラの地(平取町)に、直径一五メートルの太陽円盤マーク花壇やピラミッド状のモニュメントを含む円盤公園を建設した。だが、一九六七年にこのハヨピラ円盤公園が完成した直後、CBAは力尽きたかのように活動を休止した(原田実「三島由紀夫と宇宙友好協会」『新潮45』二〇一七年六月号)。

戦前のプロレタリア作家で戦後は右派に転向し、流行作家となった林房雄(一九〇三~七五)は、皇室の起源は縄文時代に遡れるとして一九七一年に『神武天皇実在論』を著した。林はその著書で自説の傍証として『上記』『富士古文書』『竹内文書』などの神代史書(いずれも実際には偽書)を用いている。

ギフトメーカーとして有名なシャディの創業者・林信二郎は一九七〇年、『縄文文化と弥生大革命』を著した。林は『竹内文書』に基づき、太古の日本皇室は全世界を統治していたとした上で、縄文時代から弥生時代への変化は天変地異による太古日本の崩壊と、渡来人による日本列島乗っ取りによって生じたとした。その際、皇室は渡来人たちに征服され日本統治のために利用されたのだという。林はハヤシシンチェーン（シャディの前身）経営のかたわら、業界情報紙として発行していた『商工毎日新聞』を自らの歴史観を発表するための媒体として紙面刷新し、晩年まで執筆を続けた。

CBA、林房雄、林信二郎らの説を継承しつつ、オカルト的解釈での縄文人＝原住民論を展開したのが武内裕（本名・武田洋一、一九五〇〜。ほかの筆名に武田崇元など）である。武内は『日本のピラミッド』（一九七五年）、『日本の宇宙人遺跡』『日本のキリスト伝説』（一九七六年）の超古代史三部作を大陸書房より発表、超古代文明の継承者である日本列島の縄文人が、侵略者である皇室の祖先に敗れたために超古代文明の存在自体が隠蔽されてしまったと説いた。

今となっては茶番のような話だが、一九七〇年代のオカルトブームの中では、こうした言説もそれなりの影響力を持った。たとえば週刊誌『サンデー毎日』は、一九八四年七月一日号から八五年三月一〇日号まで「大追跡！　日本にピラミッドがあった!?」というキャンペーンを展開し、巨石文明の担い手としての縄文人というイメージを宣伝した。

ちなみに、一九九〇年代にさまざまなテロ事件を起こしたカルト教団・オウム真理教も、その教義に皇室成立以前の超古代文明復興というテーマを取り入れていた（原田実『幻想の荒覇吐《アラハバキ》秘史』批評社、一九九九。『トンデモ偽史の世界』楽工社、二〇〇八）。

†古代史ブームからの縄文見直し

一九七〇年代末から九〇年代初頭にかけては大規模な縄文時代の遺跡の話題がマスメディアを賑わせた時期であった。一九七七年に話題となった阿久遺跡（長野県諏訪郡原村）、一九八二年からの発掘調査で見出された真脇遺跡（石川県鳳珠郡能登町）、一九八六年発見の上野原遺跡（鹿児島県霧島市）、一九九二年度からの調査で大規模集落跡と判明した三内丸山遺跡（青森県青森市）などである。

これにより一九七〇年代の古代史ブームを支えた論客たちが縄文文化について発言する機会も増えていった。

「邪馬壹国」論・九州王朝説で知られた古田武彦は、一九七二年一〇月に阿久遺跡の現地視察を行ない、集落跡と環状列石群の規模の大きさに驚嘆して次のように呼んだ――「縄文都市」。古田による阿久遺跡レポートは著書『邪馬一国への道標』（講談社、一九七八）

に掲載され、以来、この用語は大規模な縄文時代集落跡が発見されるたびにメディアによって用いられるようになっていく。

そもそも古田が縄文に関心を持ったきっかけは七〇年代当時、アメリカで唱えられていた縄文人南米渡航説に賛同したためであった。彼はまた後年、縄文時代の東北地方への関心から偽書『東日流外三郡誌』と出会って擁護したり、高知県土佐清水市の町興しに関連して足摺岬《あしずりみさき》にある巨石群を縄文時代の建造物だと強弁したり（実際には自然の産物と思われる）と迷走に向かっていく。古田にとって縄文への傾倒はまさに鬼門であった。

古代史に怨霊史観を持ち込むことで古代史ブームの寵児となった梅原猛は、一九七九年九月二九日から一〇月一日にかけて静岡県伊豆市で開催されたＩＢＭ天城シンポジウム「日本人とは何か」において長らく温めていた腹案を発表した。

それは、縄文人はアイヌと日本人の共通の起源であり、日本人が外来文化の影響で変容したのに対して、アイヌは古来の言語や習俗を守ってきた、というものである。すなわち、縄文人の言語や習俗を探るにはアイヌ語やアイヌ文化を研究する必要がある、ということになる。

梅原の説は縄文人とアイヌを関連付ける点では一見、明治時代のモースやシーボルトの説に似ているが、縄文人とアイヌだけでなく縄文人と日本人との連続性も認めるという点で異なっている。梅原は縄文文化を媒介として日本文化の原像をアイヌに求めるという視点を提示した。

古代史ブームからの縄文アプローチには見逃されがちな影響力もあった。それは縄文時代を扱ったメディアの記事などには「縄文人」「弥生人」という表記が当たり前に用いられていたことである。

これと先に述べたようなオカルト的な縄文文化論が結びつくことで「縄文人」を現代日本人との連続性はあるが、一方で日本人と異質の原住民としての要素を持つ人々として扱うような手法が定着することになる。新聞雑誌の穴埋めやネットメディアでの雑学サイトに見られる「あなたは縄文人？　弥生人？」などといった記事はまさにその産物である。

†オカルト・ナショナリズムへの回収

古代史ブームとは、近代化によって消されつつある（あるいは消された）文化の復興でもある。そこにはおのずと近代批判という要素が生じてくる。そして、その批判の対象となる近代には、近代科学に支えられた世界観も含まれてくる。

そのため、原住民復権運動はしばしばオカルトやスピリチュアリズムと接点を持つことになる。なぜならオカルトやスピリチュアリズムには現代科学批判という側面があるからである。先に「江戸しぐさ」との関連で紹介したアメリカインディアンの社会運動についても、呪術の復興という要素がある。

「江戸しぐさ」についていえば、第一章で触れた「ロクを磨く」という概念など、まさにオカルトへの接近を示している。越川禮子が言うように、江戸っ子は五感を超えたロク（第六感）によって、関東大震災を予知して東京を離れたために、助かったということが可能なら、関東大震災で十万以上もの死者が出ることはなかっただろう（江戸時代の認識論では「第六感」という概念がありえないことは拙著『江戸しぐさの正体』で考証した）。

また、原住民復権運動は民族主義の一種であるため、ナショナリズムへの接近が避けがたい。日本の場合、アイヌのような少数民族の運動でない限り、原住民として想定された存在が縄文人にしろ「江戸っ子」にしろ、現在の日本民族と連続性がある以上、民族主義的発想への誘因になりやすいのである。

最近では、たとえば、一般財団法人国づくり人づくり財団という団体のウェブ・サイトには理事長・木原秀成《きはらしゆうせい》の名前で次のような提言が掲げられている。

日本は世界最古の文明を内包し、縄文時代の太古より宇宙森羅万象に宿る神性や霊性を畏敬し、多様性・融和性を中心とし、祀祭政の三位一体のもと、宇宙一家（家族）の国を育んできました。
今こそ、諸外国の文明・文化に右顧左眄するのではなく、日本の文明・文化に根ざした「誇れる国づくり魅力ある人づくり」を、内外に向けて発進《ママ》する時なのです。

同団体のウェブ・サイトには「1万年も続いた多民族国家」というコラムがあり、そこには次のような文章を見ることもできる。

「縄文時代の開始は諸説あるが、今から約1万6千年前から始まり約1万年以上続いたとされている。これほど永い期間、一つの時代が続いた歴史は世界にはない」

実際には、縄文時代というのは同じ文化が継続していたわけではなく、土器・石器の様式を見ても時期・地域ごとの違いがある。縄文時代というのは、日本列島で土器がつくられるようになってから金属器が入ってくるまでの年代を、現代人の立場から総称したものにすぎない。日本の縄文時代が一万年も続いたからすごいということであれば、アフリカ大陸の旧石器時代は約二六〇万年前から約一万年前まで続いていたから縄文の二六〇倍もすごい、ということになってしまうだろう。

しかし、こうした杜撰な議論が右派に受け入れられているのも確かである。

たとえば俳優で最近は右寄りの政治的発言を行なっている津川雅彦は、インタビューで次のように述べている。


縄文以来、約1万6000年の間、自然を愛する「文化を育ててきた日本人」は素晴らしいと、世界は富士山を文化遺産に認めた。

日本ほど自然が豊かな国はない。四季あり、適度な湿気と肥えた土壌、きれいな川と海、緑いっぱいの山、澄んだ空気! 自然を愛するすごさは、「厳しい自然の猛威」を経験し、「平穏」と「危機」を表裏として覚悟できる人格を育てる。

縄文1万年、平安350年、江戸270年、世界一平和な歴史を築いてきた日本人。たった一度戦争に負けただけで腑抜けになった。

反日的メディアや教育組織の自虐史観に洗脳され、誇りを失った日本人。「私が悪うございました」と戦後70年間謝り続け、いまだに中国と韓国に土下座し、「いい人」を懸命に演じる。マスコミは「そのまま！　そのまま！　お人好しが素晴らしい」と、GHQ（連合国軍総司令部）に歩調を合わせたごとく扇動する。

（「戦後70年と私　俳優・津川雅彦氏　故郷を守れない輩を日本人と呼べるのか？」『夕刊フジ』二〇一五年八月四日付）

原住民としての縄文人見直しはいったん武内裕らによって左旋回したものの結局、林房雄らの路線に回帰したようである。「江戸しぐさ」も親学の歴史観に取り込まれるなどの形でナショナリズムに利用されている。そもそも親学の根底にあるWGIP史観にしても、アメリカの占領に対する原住民としての日本人の復権という主張とみなすことができる。

新左翼のカリスマとして一九七〇年代に過激なアイヌ革命論を説き「ドラゴン将軍」「爆弾教祖」などと呼ばれた太田龍（本名・栗原登一《とういち》、一九三〇〜二〇〇九）は、日本原住民論を媒介として日本民族の問題としての革命思想を模索するうちにスピリチュアリズムやオカルトに接近、晩年は天皇を中心とした日本民族による全人類の解放を説く極右として過ごした。この太田の個人的軌跡は、日本人を対象とする原住民復権運動が民族主義とオカルトにからみとられることで国家主義にとりこまれるというパターンの典型といえよう（拙著『日本トンデモ人物伝』には太田の評伝も収めた）。

そして親学もまた過去の原住民（としての日本人）復権運動の遺産を国家の側に回収するシステムになっているわけである。

歪んだノスタルジー

イギリスの歴史学者エリック・ホブズボウム（一九一七〜二〇一二）は、伝統（tradition）なるものが、反復を通して過去と現代との連続性を保証するものとみなされながら、実際にはその多くが暗示する過去よりもごく新しい時代につくられたものであることを指摘した。

たとえば英国王室の儀礼などは伝統の最たるもののように見えながら、その形態は一九世紀後半ないし二〇世紀に創り出されたものであり、その中にはクリスマスのラジオ王室放送のように、現代の技術を前提としなくては成り立たないものも含まれている。

一九八三年、ホブズボウムの提唱に基づき、イギリス・アメリカ・カナダの歴史研究者らが一冊の共著を出した。それが『創られた伝統』（文化人類学叢書、邦訳一九九二年）である。その書籍では「創られた伝統」として、英国王室の儀礼の他に、スコットランドにおけるタータンとクラン（氏族）の関係（古代ケルトまでさかのぼるともいわれるが実際に形成されたのは一九世紀）、ウェールズにおけるドルイド神話の「再発見」（一八世紀、ドルイドとは古代ケルト人の司祭）、ヴィクトリア朝時代イギリス統治下のインドやアフリカにおける歴史捏造などがとりあげられている。

私が「江戸しぐさ」についての研究を公表し始めた頃、それを見た方から「江戸しぐさ」問題をこの「創られた伝統」の文脈で理解できないかという指摘をしばしばいただいた。しかし、「江戸しぐさ」や親学における「伝統的子育て」は、ホブズボウムらが説いた「創られた伝統」以上に空疎なものである。少なくとも「創られた伝統」の作り手たちは実際の文献や古美術から過去の断片を探し出し、それを現在（当時）の自分たちの欲求にこたえる形に再構成しようとした。

しかし、「江戸しぐさ」や「伝統的子育て」は、作り手が、自分たちの過去の経験を理想化し、さらに過去に投影して伝統だと言い張るだけの代物である。それを歴史的事実として扱ったり伝統と称したりするのはノスタルジーの歪んだ発露にすぎない。つまりは従来知られてきた「創られた伝統」と同列に扱うのもはばかられるような代物なのである。

†教育現場は感動に飢えている――組体操

ここ一〇年くらいの間に「江戸しぐさ」の道徳授業への導入や、親学の台頭と並行して、教育現場に広まりつつあるものとして、大規模な組体操、1／2成人式、誕生学などが挙げられる。

小中高等学校の運動会などで児童・生徒たちによる組体操は、ピラミッドやタワーなどで次第にその高さを競い合う傾向があった。二〇一四年度には組体操関連で起きた事故が全国で八五九二件（独立行政法人日本スポーツ振興センター調べ）に及んでいる。組体操で起きる事故の中には死者が出たり重傷者に重い後遺症が残ったりした例もある。

名古屋大学准教授の内田良の試算によると一五一人で構成される一〇段のピラミッドだと土台の中央部には一人あたり三・六人分の体重がかかる生徒がいる。中学三年男子の平均体重ではこの荷重は二〇〇キロを超える。現在の学校ではこのような無茶が教育の名の下に行なわれているわけである。

二〇一六年三月には国が組体操の安全対策を講じるよう各都道府県教育委員会に通達しているが、事態の深刻さを思えば、そのような通達で済ませることなく積極的に禁止していってもよいくらいである。

しかし、組体操の禁止を拒む最大の勢力は、教師や父兄である。教師は生徒たちが共同作業を通して協調性を養うことを期待する。また、運動会のたびごとにSNSには父兄撮影による組体操の画像と感動の言が並ぶことになる。そうした情動の前に、組体操の危険性は度外視されてしまうわけである。

†感謝されたい親や教師——二分の一成人式、誕生学、親守詩

「1／2成人式」とは、小学四年生を対象に父兄を学校に招き、児童たちが一〇歳まで育ててくれた親への感謝とその先一〇年の親の養育へのお願いを斉唱するというものである。学校ではイベントを盛り上げるために、児童の幼年期の写真を提出させたりもする。一九八〇年頃に兵庫県西宮市の一人の教諭によって発案されたものとされるが、二〇〇二年に小学校国語の教科書「十さいを祝おう」という単元で取り上げられてから全国的に広まり、たとえば東京都では二〇〇六年の時点で公立小学校約一三〇〇の過半数で行なわれていたという（『毎日新聞』二〇一五年二月二七日付）。

1／2成人式は、児童たちが皆、複雑な事情のない「幸せな家庭」にいるという前提か

ら成り立っている行事である。現実には離婚やネグレクトなどさまざまな家庭の問題があることを思えば、全学で一律に行なうべき行事かは疑問があるが、これも子供たちの感謝の辞に感動した父兄たちの支持があって普及の歯止めはききそうにない。

誕生学は「生まれてきたことが嬉しくなると未来が楽しくなる」というコンセプトで、子供たちに生まれる力を再認識させ、自尊感情を高めるためのライフスキル教育プログラムだという。その普及を目的とする誕生学協会は二〇〇五年に女性起業家の大葉ナナコによって創立された。

精神科医の松本俊彦は、もともと自尊感情が低く、生きづらさを抱えているような子供にとって、誕生学は自尊感情を高めるどころか、より生きづらい方向に追い詰めてしまうと指摘している。松本によれば、誕生学の主張が教育現場で説得力を持つのは、父兄や教師の多くが子供の頃に追い詰められるような生きづらさを抱えていなかったからだという。

誕生学協会ウェブ・サイトによると同会によるスクールプログラム（出張授業）は二〇一七年四月から六月にかけてだけで幼稚園・保育園・小中高等学校・自治体など七八か所で実施された。そこでは子供七三二〇人、大人二〇二六人の合計九三四六人が受講したとされる。

組体操、1／2成人式、誕生学に共通しているのは、父兄や教師が満足や感動を味わうために子供たちに負担を負わせ、しかも、その父兄や教師はそれが子供のためである、と思い込んでいるということである。

そして、それは親学にもあてはまる。第二章でも指摘したように、親学では子供から親への感謝の念を歌う親守詩なるものが推奨されている。

子供が子守歌を歌ってもらうように、父兄の方が子供から「親守」してもらうというのは私には異様に思える。現代の親たちは親であることに対して、そこまで自信を失っているというのだろうか。

このグロテスクさは、親学が父兄および推奨する教師たちの感動と満足のためにあることに由来している。子供たちが大人に、感動や満足をもたらすことは一見、いい話のようである。けれど、そこまで大人は子供に感謝されたいのだろうか。

大手メディアもこの手の「いい話」については好意的だ。平成三〇年の第五回親守詩全国大会は朝日新聞東京本社新館ビル（浜離宮朝日ホール）で開催されており、共催には毎日新聞社の名が掲げられている。

権力と反権力のねじれ

厄介な問題は、「親学」的な考え方や「江戸しぐさ」が、必ずしも特定の政治勢力やイデオロギーの専売特許ではないということである。

元広島県議（民主党）のおきもと（沖本）ゆきこは二〇〇八年二月一日付のブログで次のように述べている。

なぜ、こんな文明的に非常に洗練された「江戸しぐさ」が日本でなくなってしまったのか？ と嘆かれている方も多いでしょう。明治維新のとき、薩長軍が新政府を樹立し、官軍となると江戸っ子狩りが大々的に行われ、「江戸しぐさ」が摘発の目安となり女・子どもが狙われ、江戸っ子は難民となり、江戸から逃れて行きました。薩長の田舎侍が江戸を乗っ取ってから、「江戸しぐさ」が廃れてしまったのです。

（略）

明治維新でお上から強要された薄っぺらな中身のない「文明開化」のメッキが１４０年もたつとボロボロになり、日本中を蝕んでいます。明治維新・第二次大戦後に権力を握った人々が既得権を死守することだけ考え、生き残るためには他人を犠牲にしてもよいという《ママ》排他的・特権階級意識の強い指導者をみると、東京は江戸よりも劣化していると感じるのは私だけでしょうか？「自立と共生」の思想や相手への思いやりに溢れていたお江戸の伝統は、政権交代しなければ復活しないのだろうなぁ～と私は思います。

ここでいう「政権交代」は当然、自民党政権から民主党政権への交代という意味である。また、日本共産党厚木市市議会議員団の栗山かよ子とくぎまる久子はそれぞれ二〇〇八年二月一〇日付のブログで「江戸しぐさ」が交通渋滞の解消に有効だという講演について好意的な評価を記している（演者は現東京大学先端科学技術研究センター教授の西成活裕《かつひろ》）。「江戸しぐさ」の教育現場への導入や親学の普及は二〇〇九年から二〇一二年までの民主党政権時代にも進行している。これらの蔓延を自民党との親和性だけで説明するのは無理だろう。

そもそも「江戸しぐさ」の背景に、薩長の流れをくむ日本の保守層に対して批判的な歴史観があったことはすでに指摘したところである。また、親学の背景にあるGHQ陰謀論にしても、それがもともと左派でもてはやされた主張であったことも説明した。

冷戦時代、資本主義勢力と社会主義勢力の対立の反映として、日本国内にも保守の自民党政権と進歩的知識人に指導される市民運動および革新政党という構図があった。そして、その構図に安住する限り、どちらの勢力が権力かは自明だった。しかし、冷戦終結と一九九三年と二〇〇九年の二度の自民党下野を経て、その構図は崩れ、自民党は変質した。

その結果、かつては反権力の側が用いていた思考法や運動形態を自民党やその応援勢力も取り入れていったと考えられる。安倍政権の文教政策は復古調のようで、実は従来の自民党の方針をそのまま継承しているわけではない。だからこそ「江戸しぐさ」や親学を取り入れる余地ができたとみなすべきだろう。

親学およびその歴史的根拠としての「江戸しぐさ」は、第二次以降の安倍政権の文教政策と密接に結びついている。安倍晋三自身が親学の支持者であることはすでに述べてきたとおりである。しかし、自民党以外の政党にまで親学支持者がいる以上、政権交代は必ずしも親学推進の終焉を意味するわけではない。大手メディアの対応に見られるように親学や「江戸しぐさ」は安倍政権に批判的な勢力までとりこんでしまいかねない代物なのである。

いかなる政権であろうと、教育現場に明白な虚偽を持ち込んでいいわけはない。親学や

「江戸しぐさ」の問題は政権批判に矮小化《わいしょうか》されるべきではない。それは私たちが次世代のためにいかなる教育環境を整えられるかの試金石の一つなのである。

あとがき

　本稿をまとめている最中、東京中央区の公立小学校が校長の独断で、高級ブランドの基準服（いわゆる制服）を採用したことが話題となっている。報道ではその校長が父兄の経済的負担を増したことへの賛否が取り沙汰されているが、ネットではその校長が学校だよりなどで「江戸しぐさ」や、ニセ科学として有名な「水からの伝言」への支持を示していることも問題視された。しかし、「江戸しぐさ」支持などについては別にこの校長が奇をてらって行なっているわけではない。むしろ、それらは公立校の校長としては凡庸な人物像を示すものであり、むやみなブランド志向もその凡庸さの表れとみなすべきだろう。現在の教育界にはあまりにも怪しげなものが浸透しすぎているのである。

　親学と、芝三光創始の時点での「江戸しぐさ」について分析を終えたところで、私はあえて感情的な意見を述べたいと思う。

「江戸しぐさ」の内容は歴史的には虚偽であり、それは教育現場に持ち込まれるべきものではない。その虚構性は今後いっそう周知されなければならないだろう。

しかし、「江戸しぐさ」の世界観を探っていく作業自体は私には楽しいものだった。現実に失望しながらも超現実の過去を夢想し、そこに自分の理想を投影していった芝三光、その芝に心酔し、その理想を広めずにはいられなかった越川禮子や和城伊勢……。「江戸しぐさ」の中で私はそうした人々の人間味あふれる息遣いに触れる心地がした。

だが、親学の世界には、人と人との微妙な関係を型にあてはめ、管理支配することに疑問さえ抱かないような寒々とした心象が広がっていた。それだけに多くの政治家や教育関係者が親学を支持しているということは理解できる。だが、決して共感はしない。私は多くの政治家や教育関係者が親学を支持しているというそのこと自体に危機感を覚えずにはいられない。

その意味では、親学は「江戸しぐさ」に歴史的根拠を求めると称しながらも、芝三光創始の時点での「江戸しぐさ」とは相いれないものである。

さて、ニセ科学と政治と結びつくことで悲惨な結果を招いた例としては一九三〇年代後半から六〇年代前半にかけてソビエト連邦の科学界を席巻したルイセンコ主義が有名である。植物の種を後天的に転化させるというルイセンコ主義は、当初は(誤った)農業理論の一つに過ぎなかったが、当時のソ連共産党の支持を得ることで、農業に被害をもたらすだけでなく医学を含む多くの生物関連分野に研究の停滞をもたらした。その結果、多くの人命を奪うことになった（被害者にはルイセンコ主義への反対が元で粛清された人々も含む）。

また、北朝鮮では、1950年代以来、密植《みつしょく》奨励と連作《れんさく》容認の主体《チュチェ》農法が推進された結果、慢性的な飢餓が続いている。北朝鮮では、データ改竄《かいざん》によって主体農法で収量は増え続けていると主張し、かつては日本でもそのデータを鵜呑みにして主体農法に学ぶべきだと論じる向きもあった。

教育に紛れ込んだニセ科学などは農業の場合のように直接経済や人命に打撃を与えるものではない。しかし、長期的に見れば、教育現場での科学的精神の欠如は社会に打撃を与えるものとなりかねない。

日本がかつてのソ連や現在の北朝鮮の轍《てつ》を踏まないよう、まずは教育界からの虚偽の排除を願うものである。

なお、親学については世界平和統一家庭連合（いわゆる「統一教会」「原理運動」）の家庭主義との親和性が高く、布教に用いられる危険もある。その問題を論じるには本書の内容をふまえた上で、稿を新たにする必要がある。

参考文献

●「江戸しぐさ」関連

秋山浩子（文）伊藤まさあき（画）『江戸しぐさから学ぼう』（第一～三巻）汐文社、二〇〇七～〇八年
上田比呂志『ディズニーと三越で学んできた日本人にしかできない「気づかい」の習慣』クロスメディア・パブリッシング、二〇一一年
江戸の良さを見なおす会『今こそ江戸しぐさ第一歩――日本人の良さ再発見』稜北出版、一九八六年
江戸の良さを見なおす会編『江戸楽のすすめ・生きる』新風舎、二〇〇七年
江戸の良さを見なおす会『江戸しぐさ講　浦島太郎からのおくりもの』文芸社、二〇〇九年
桐山勝『豪商と江戸しぐさ　成功するリーダー列伝』MOKU出版、二〇一〇年
越川禮子（越川礼子名義）『グ・レイパンサー』潮出版社、一九八六年
越川禮子『江戸の繁盛しぐさ』日本経済新聞社、一九九二年（文庫版・二〇〇六）
越川禮子『商人道「江戸しぐさ」の知恵袋』講談社+α新書、二〇〇一年
越川禮子『身につけよう！　江戸しぐさ』ロングセラーズ、二〇〇四年（新書版二〇〇六）
越川禮子、林田明大『「江戸しぐさ」完全理解――「思いやり」に、こんにちは』三五館、二〇〇六年
越川禮子『ササッとわかるいろはかるたの「江戸しぐさ」』講談社、二〇〇七年
越川禮子『子どもが育つ江戸しぐさ』ロング新書（ロングセラーズ）、二〇〇七年
越川禮子『暮らしうるおう江戸しぐさ』朝日新聞社（朝日新聞出版）、二〇〇七年
越川禮子『野暮な人　イキな人――江戸の美意識「イキ」で現代を読み解く』パンドラ新書（日本文芸社）、二〇〇七年

越川禮子監修『図説　暮らしとしきたりが見えてくる江戸しぐさ』青春出版社、二〇〇七年
越川禮子監修、新潟江戸しぐさ研究会構成・著、斉藤ひさおマンガ『マンガ版「江戸しぐさ」入門――ノキで素直にカッコよく』三五館、二〇〇七年
越川禮子、伊達松風『今、伝えたい、子育ての知恵――江戸しぐさ』フリーマン、二〇〇七年
越川禮子、小林裕美子画『三六九の子育て力――大人になって困らない人を作る』ポプラ社、二〇〇八年
越川禮子『「また会いたい人」と言われる話し方――入門江戸しぐさ』教育評論社、二〇〇八年
越川禮子、NPO法人日本ホスピタリティ推進協会『江戸しぐさに学ぶ子どもの「作法（マナー）」――あいさつから思いやりの心まで』PHP研究所、二〇〇八年
越川禮子、林田明大『少年少女のための「江戸しぐさ」――「思いやり」は成績より偉かった！』三五館、二〇〇八年
越川禮子監修『江戸しぐさを日本しぐさに！――安心のコミュニティをつくる』博進堂、二〇〇八年
越川禮子監修、浜田安代著、田中裕子編、田中斉子イラスト『身につけよう粋でステキな江戸しぐさ』梓書院、二〇〇九年
越川禮子、桐山勝『人づくりと江戸しぐさ　おもしろ義塾』MOKU出版、二〇〇九年
越川禮子監修、桐山勝編著『江戸しぐさ事典』三五館、二〇一二年
越川禮子監修、池田葉子編著・絵『思いやりの心　江戸しぐさ』マガジンハウス、二〇一三年
越川禮子『日本人なら知っておきたい　江戸しぐさ』ロングセラーズ、二〇一五年
芝三光の江戸しぐさ編集部『芝三光の江戸しぐさ　おもき心』芝三光の江戸しぐさ振興会、二〇一六年
デニス・バンクス、リチャード・アードス／石川史江、越川威夫訳『死ぬには良い日だ――オジブエ族の戦士と奇跡』三五館、二〇一〇年
山内あやり『「江戸しぐさ」恋愛かるた』三五館、二〇〇九年

山内あやり『江戸しぐさに学ぶ　おつきあい術』幻冬舎、二〇一三年
和城伊勢『江戸しぐさ　一夜一話』シンプーブックス（新風舎）、二〇〇四年
和城伊勢『絵解き江戸しぐさ――今日から身につく粋なマナー』金の星社、二〇〇七年
和城伊勢監修『芝三光の江戸しぐさ　とらのまき』芝三光の江戸しぐさ振興会、二〇一五年
埼玉県神社庁北足立支部『江戸しぐさ』（非売品・小冊子）

●親学関連

澤口俊之、片岡直樹、金子保『発達障害を予防する子どもの育て方――日本の伝統的な育児が発達障害を防ぐ』メタモル出版、二〇一〇年
高橋史朗『「総点検」戦後教育の実像――荒廃と歪みの構図を探る』ＰＨＰ研究所、一九八六年
高橋史朗『教科書検定』中公新書（中央公論社）、一九八八年
高橋史朗『天皇と戦後教育――戦後世代にとって天皇とは何か』ヒューマンドキュメント社、一九八九年
高橋史朗『教育再生の課題』（上・下）日本教育新聞社出版局、一九九三年
高橋史朗『検証　戦後教育――日本人も知らなかった戦後五十年の原点』広池学園出版部、一九九五年
高橋史朗『感性を活かすホリスティック教育――いじめ・不登校を克服し、子どもの「いのち」を救う』広池学園出版部、一九九六年
高橋史朗編『癒しの教育相談理論――ホリスティックな臨床教育学』明治図書出版、一九九七年
高橋史朗編『ホリスティックな学校づくり――感性を育む』明治図書出版、一九九七年
高橋史朗編『ホリスティックな教育相談――保護者への援助』明治図書出版、一九九七年
高橋史朗、木村治美、石川光男、草野忠義『新しい日本の教育像』富士社会教育センター、二〇〇一年
高橋史朗監修、親学会編『親学のすすめ――胎児・乳幼児期の心の教育』モラロジー研究所、二〇〇四年

高橋史朗監修、親学会編『続・親学のすすめ――児童・思春期の心の教育』モラロジー研究所、二〇〇六年
高橋史朗編著『子どもがいきいきするホリスティックな学校教育相談』学事出版、二〇〇六年
高橋史朗『脳科学から見た日本の伝統的子育て――発達障害は予防。改善できる』モラロジー研究所、二〇一〇年
高橋史朗『[対談集]主体変容の教育改革!』MOKU出版、二〇一〇年
高橋史朗『親学Q&A』登龍館、二〇一〇年
高橋史朗『家庭教育の再生――今なぜ「親学」「親守詩」か。』明成社、二〇一二年
高橋史朗監修『物語で伝える教育勅語――親子で学ぶ12の大切なこと』明成社、二〇一二年
高橋史朗『日本が二度と立ち上がれないようにアメリカが占領期に行ったこと――こうして日本人は国を愛せなくなった』致知出版社、二〇一四年
PHP親学研究会編『「親学」の教科書――親が育つ子どもが育つ』PHP研究所、二〇〇七年
『家庭フォーラム』19号「特集　親学とは何か?」昭和堂、二〇〇八年一二月
『教室ツーウェイ』二〇一二年一二月号「特集〝日本の子どもは世界一幸せ〟モース復活作戦」明治図書

●GHQ陰謀論関係

江藤淳『閉ざされた言語空間――占領期の検閲と戦後日本』文藝春秋社、一九八九年(文庫一九九四年)
佐藤一『松本清張の陰謀――『日本の黒い霧』に仕組まれたもの』草思社、二〇〇六年
佐藤一『「下山事件」謀略論の歴史――「原光景」的イメージから「動物化」した謀略論へ』彩流社、二〇〇九年
ジェフリー・ゴーラー、福井七子訳『日本人の性格構造とプロパガンダ』ミネルヴァ書房、二〇一一年

田中一彦『忘れられた人類学者（ジャパノロジスト）――エンブリー夫妻が見た〈日本の村〉』忘羊社、二〇一七年
塚田穂高編『徹底検証　日本の右傾化』筑摩選書（筑摩書房）、二〇一七年
秦郁彦『陰謀史観』新潮新書（新潮社）、二〇一二年
ASIOS、奥菜秀次、水野俊平『検証　陰謀論はどこまで真実か――パーセントで判定』文芸社、二〇一一年
『RikaTan　理科の探検』二〇一六年一二月号特集「陰謀論の正体!?」文理

●文部科学省・日本会議関係

菅野完『日本会議の研究』扶桑社新書（扶桑社）、二〇一六年
俵義文『日本会議の全貌――知られざる巨大組織の実態』花伝社、二〇一六年
辻田真佐憲『文部省の研究――「理想の日本人像」を求めた百五十年』文春新書（文藝春秋）、二〇一七年
半沢英一『徹底批判!!「私たちの道徳」――こんな道徳教育では国際社会から孤立化するだけ』合同ブックレット（合同出版）、二〇一七年
前川喜平、寺脇研『これからの日本、これからの教育』ちくま新書（筑摩書房）、二〇一七年
子どもと教科書全国ネット21編『徹底批判!!「私たちの道徳」――道徳の教科化で歪められる子どもたち』合同出版、二〇一四年

●児童教育・心理学・脳科学関連

姜昌勲『児童精神科医が教える子どものこころQ&A70』遠見書房、二〇一二年

坂井克之『脳科学の真実――脳研究者は何を考えているか』河出ブックス（河出書房新社）、二〇〇九年
スティーブ・シルバーマン、正高信男、入口真夕子訳『自閉症の世界――多様性に満ちた内面の真実』ブルーバックス（講談社）、二〇一七年
宋美玄、姜昌勲（他）『各分野の専門家が伝える　子どもを守るために知っておきたいこと』メタモル出版、二〇一六年
と学会編『と学会25thイヤーズ！』東京キララ社、二〇一七年
根來秀樹『お母さんのための児童精神医学―子どものこころの脳科学』日本評論社、二〇一〇年
山本弘『ニセ科学を10倍楽しむ本』ちくま文庫（筑摩書房）、二〇一五年
歴史科学協議会編『知っておきたい歴史の新常識』勉誠出版、二〇一七年
ASIOS『謎解き超科学』彩図社、二〇一三年
『RikaTan　理科の探検』二〇一四年春号特集「ニセ科学を斬る！」文理
『RikaTan　理科の探検』二〇一五年春号特集「ニセ科学を斬る！　リターンズ」文理
『RikaTan　理科の探検』二〇一七年六月号特集「科学の「都市伝説」を斬る！」文理
『RIKATAN　理科の探検』二〇一八年四月号特集「ニセ科学を斬る！　2018」文理

●原田実関連著作

原田実『日本トンデモ人物伝』文芸社、二〇〇九年
原田実『トンデモ日本史の真相――史跡お宝編』文芸社文庫（文芸社）、二〇一一年
原田実『トンデモ日本史の真相――人物伝承編』文芸社文庫（文芸社）、二〇一一年
原田実『つくられる古代史――重大な発見でも、なぜ新聞・テレビは報道しないのか』新人物往来社、二〇一一年

原田実『オカルト「超」入門』青海社新書（講談社）、二〇一二年
原田実『江戸しぐさの正体――教育をむしばむ偽りの伝統』星海社新書（講談社）、二〇一四年
原田実『江戸しぐさの終焉』星海社新書（講談社）、二〇一六年
原田実「三島由紀夫と宇宙友好協会」『新潮45』二〇一七年六月号

●その他

一柳廣孝編『オカルトの帝国――1970年代の日本を読む』青弓社、二〇〇六年
井上章一『日本に古代はあったのか』角川選書（KADOKAWA）、二〇〇八年
エリック・ホブズボウム、テレンス・レンジャー編、前川啓治他訳、青木保解説『創られた伝統』文化人類学叢書（紀伊國屋書店）、一九九二年
岡本太郎『日本の伝統』知恵の森文庫（光文社）、二〇〇五年
小澤実編『近代日本の偽史言説――歴史語りのインテレクチュアル・ヒストリー』勉誠出版、二〇一七年
呉座勇一『陰謀の日本中世史』角川新書（KADOKAWA）、二〇一八年
藤森栄一『縄文農耕』学生社、一九七〇年
ベネディクト・アンダーソン、白石隆、白石さや訳『定本　想像の共同体――ナショナリズムの起源と流行』書籍工房早山、二〇〇七年
山田康弘『つくられた縄文時代――日本文化の原像を探る』新潮選書（新潮社）、二〇一五年
吉田司雄編著『オカルトの惑星――1980年代、もう一つの世界地図』青弓社、二〇〇九年
『岡本太郎のシャーマニズム』展覧会図録、川崎市岡本太郎美術館、二〇一三年

ちくま新書
1339

オカルト化《か》する日本《にっぽん》の教育《きょういく》
――江戸《えど》しぐさと親学《おやがく》にひそむナショナリズム

二〇一八年六月一〇日　第一刷発行

著者　原田実（はらだ・みのる）

発行者　山野浩一
発行所　株式会社　筑摩書房
東京都台東区蔵前二-五-三　郵便番号一一一-八七五五
振替〇〇一六〇-八-四一二三
装幀者　間村俊一
印刷・製本　三松堂印刷　株式会社

乱丁・落丁本の場合は、左記宛にご送付ください。
送料小社負担でお取り替えいたします。
ご注文・お問い合わせも左記へお願いいたします。
〒三三一-八五〇七　さいたま市北区櫛引町二-六〇四
筑摩書房サービスセンター　電話〇四八-六五一-〇〇五三

ISBN978-4-480-07146-0 C0237

ちくま新書

1253
ドキュメント 日本会議
藤生明
国内最大の右派・保守運動と言われる「日本会議」。改憲勢力の枢要な位置を占め、国政にも関与してきた。謎めいたこの組織を徹底取材、その実像に鋭く迫る！

1288
これからの日本、これからの教育
前川喜平
寺脇研
二人の元文部官僚が「加計学園」問題を再検証し、生涯学習やゆとり教育、高校無償化、夜間中学など一連の改革をめぐってとことん語り合う、希望の書！

1022
現代オカルトの根源
――霊性進化論の光と闇
大田俊寛
多様な奇想を展開する、現代オカルト。その根源には「霊性の進化」をめざす思想があった。19世紀の神智学から、オウム真理教・幸福の科学に至る系譜をたどる。

1159
がちナショナリズム
――「愛国者」たちの不安の正体
香山リカ
2002年、著者は『ぷちナショナリズム症候群』で「愛国ごっこ」に警鐘を鳴らした。あれから13年、安倍内閣、ネトウヨ、安保法改正――日本に何が起きている？

893
道徳を問いなおす
――リベラリズムと教育のゆくえ
河野哲也
ひとりで生きることが困難なこの時代、他者と共に生きるための倫理が必要となる。「正義」「善悪」「権利」とは何か？　いま、求められる「道徳」を提言する。

939
タブーの正体！
――マスコミが「あのこと」に触れない理由
川端幹人
電力会社から人気タレント、皇室タブーまで、マスコミ各社が過剰な自己規制に走ってしまうのはなぜか？『噂の眞相』元副編集長がそのメカニズムに鋭く迫る！

1168
「反戦・脱原発リベラル」はなぜ敗北するのか
浅羽通明
楽しくてかっこよく、一〇万人以上を集めたデモ。だが原発は再稼働し安保関連法も成立。なぜ勝てないのか？勝ちたいリベラルのための真にラディカルな論争書！

ちくま新書

1091
もじれる社会
――戦後日本型循環モデルを超えて
本田由紀
もじれる＝もつれ＋こじれ。行き詰まり、閉々とした状況にある日本社会の見取図を描き直し、教育・仕事・家族の各領域が抱える問題を分析、解決策を考える。

817
教育の職業的意義
――若者、学校、社会をつなぐ
本田由紀
このままでは、教育も仕事も、若者たちにとって壮大な詐欺でしかない。教育と社会との壊れた連環を修復し、日本社会の再編を考える。

758
進学格差
――深刻化する教育費負担
小林雅之
統計調査から明らかになった進学における格差。なぜ今まで社会問題とならなかったのか。諸外国の奨学金のあり方などを比較しながら、日本の教育費負担を問う。

947
若者が無縁化する
――仕事・福祉・コミュニティでつなぐ
宮本みち子
高校中退者、若者ホームレス、低学歴ニート、世の中から切り捨てられ、孤立する若者たち。彼らを社会につなぎとめるために、現状を分析し、解決策を探る一冊。

399
教えることの復権
大村はま
苅谷剛彦・夏子
詰め込みかゆとり教育か。今再びこの国の教育が揺れている。教室と授業に賭けた一教師の息の長い仕事を通して、もう一度正面から「教えること」を考え直す。

679
大学の教育力
――何を教え、学ぶか
金子元久
日本の大学が直面する課題を、歴史的かつグローバルな文脈のなかで捉えなおし、高等教育が確実な「教育力」をもつための方途を考える。大学関係者必読の一冊。

742
公立学校の底力
志水宏吉
公立学校のよさとは何か。元気のある学校はどんな取り組みをしているのか。12の学校を取り上げた本書は、公立学校を支える人々へ送る熱きエールである。

710
友だち地獄
――「空気を読む」世代のサバイバル
土井隆義
周囲から浮かないよう気を遣い、その場の空気を読もうとするケータイ世代。いじめ、ひきこもり、リストカットなどから、若い人たちのキツさと希望のありかを描く。

809
ドキュメント 高校中退
――いま、貧困がうまれる場所
青砥恭
高校を中退し、アルバイトすらできない貧困状態へと落ちていく。もはやそれは教育問題ではなく、社会を揺るがす問題である。知られざる高校中退の実態に迫る。

1014
学力幻想
小玉重夫
日本の教育はなぜ失敗をくり返すのか。その背景には、子ども中心主義とポピュリズムの罠がある。学力をめぐる誤った思い込みを抉り出し、教育再生への道筋を示す。

1163
家族幻想
――「ひきこもり」から問う
杉山春
現代の息苦しさを象徴する「ひきこもり」。閉ざされた内奥では何が起きているのか？〈家族の絆〉という神話に巨大な疑問符をつきつける圧倒的なノンフィクション。

883
ルポ 若者ホームレス
飯島裕子
ビッグイシュー基金
近年、貧困が若者を襲い、20～30代のホームレスが激増している。彼らはなぜ路上暮らしへ追い込まれたのか。貧困が再生産される社会構造をあぶりだすルポ。

1164
マタハラ問題
小酒部さやか
妊娠・出産を理由に嫌がらせを受ける「マタハラ」が、いま大きな問題となっている。マタハラとは何か。その実態はどういうものか。当事者の声から本質を抉る。

1125
ルポ 母子家庭
小林美希
夫からの度重なるDV、進展しない離婚調停、親子のギリギリの生活……。社会の矛盾が母と子を追い込んでいく。彼女たちの厳しい現実と生きる希望に迫る。